DON MIGUEL RUIZ
ドン・ミゲル・ルイス

愛の選択

高瀬千尋［訳］　高瀬千図［監訳］

THE MASTERY OF LOVE

コスモス・ライブラリー

まえがき

私たちがこの世に生まれてから死ぬまでの間、生きる喜びを味わう回数と苦しみを味わう回数のどちらが多いだろうかと尋ねられれば、ほとんどの人が苦しみの方が多いと答えるにちがいない。

「私はとても幸福だ」と思うときがあっても、それは苦しみ多い人生のなかで、たまたま出会った幸運にすぎず、日が陰るようにその幸福な思いもいつかまたはかなく消えていくことを私たちは知っている。

小さいときから、努力することが美徳であり、我慢することはあたりまえのことであり、自分がほんとうに正直に自分らしく生きることは周囲との摩擦を引き起こす、等々と言われながら大きくなった私たちは、孤立することを恐れてつねに他人の期待に応えようとしながら生きている。そして、いつしか自分がほんとうは何を望み、どうありたいのかさえ分からなくなってしまう。自分が何者であり、何のためにこの世に生を受け、どこへ行こうとしているのか分からないまま生きていくことは、しかし、とても悲しい。

しかも、現代人は自己批判が大好きである。大好きというよりそれは私たちの日常的な習慣にすらなっている。自己懐疑や自己批判は自己否定へ、そしてさらにそれが悪化すれば自己虐待から自己破壊へと向かう。子供たちのおかれた状況を見れば、それは明らかである。近年頻発しているいじめや自殺、また拒食症などはそのことと関連している。

教育とは、本来個人がより幸福に生きるための方法を学ぶためにあったはずなのだが、実際には既成社会や組織に効率よく順応させるために個人の意識の自由を奪い、飼い慣らし、抑圧するための道具となってしまった。ことに現在の学校制度そのものが、子供たちが生まれつき持っているさまざまな個性を伸ばすどころか、逆に均一化させ、生き生きと輝いていた感性を鈍化させることに拍車をかけている。社会や親にとって「いい子」にかぎって自殺や不登校に追い込まれるのはそんな理由からである。

これは自分という個人、また家族や友人、身近な小さな社会だけの問題に留まるものではない。異なる民族、国家間でも同じことが言える。なぜなら国家とはひとりひとりの人間、私たち個人の集合体にほかならないからである。一人の人がほんとうの自由と幸福とを生きられるなら、あちこちの国で起きている民族紛争や人種差別、犯罪は即座になくなるはずである。しかし、現実はそのような不幸がなくなるどころかますます増加の傾向を示している。教育がもし本来の目的、個人のほんとうの幸福に貢献するものであったなら、このような事態に立ち至るはずはない。

しかし残念ながら、私たちのほとんどは自分がなぜそうなってしまったのか、世界がなぜ今もこのように矛盾に満ち、弱い者、小さな者たちがかくも苦しみ続けなくてはならないのか、答も解決策も見つからないまま生きている。

「人はいかに生きるべきか」また「人はどうあるべきか」についてさまざまな宗教、哲学、また文学が私たちに答えを用意し、そのためにこの千年、二千年、数えきれないほどたくさんの書物が書かれてきた。しかし、いかに優れた教えに出会っても、それを実際に生きるとなるとても難しい。その上その教えが逆に自己批判や自己抑圧、果ては強迫観念にまでなってしまうことも珍しくない。

「人生の目的とは幸福になることである」と多くのマスターたちは言っている。しかしその幸福とは気分的なものや一過性のものではなく、いかなる状況にあっても変わることなく心の内に愛と至福が保たれることをいう。では、いかにすれば私たちはそのほんとうの幸福を生きることができるのだろうか。

ドン・ミゲル・ルイスがこの『愛の選択』の中で明らかにしてくれるのは、抽象的で実現不可能な理想や理念などではなく、「幸福になりたい」という私たちの基本的な願いに対する誠実で真摯な、しかも実践可能な、完璧な答えである。

正直に言って、私はこれまでいかなる人間に対してもこれほどまでに心優しい本に出会ったことはなかった。つまらなく、小さな、無能な「私」をこれほどに完全にすくい取り、無条件に受け入れ、愛することを教えてくれた本はこれが初めてである、と断言できる。

自分が何者であり、どこへ向かおうとしているのか知り、そしてより自分らしく、自分自身に誇りと愛情を持って生きたいと願っている人なら、この本にその願いを裏切られることは決してないだろう。

悩み苦しみながら生きているたくさんの若い人たち、あなた方の心と魂の旅が、この一冊の本との出会いにより、真実の自分との出会いに向けて加速されるよう、そして、あなた方の人生がより豊かで幸福に満ちたものとなるよう、私も多くの母親のひとりとして心から願っている。

二〇〇〇年春

高瀬千図・作家

愛だけではなく
血のつながりと、先祖代々からのルーツによって結ばれている
私の両親、子供達、兄弟達、
そしてそのほかの家族へ

無条件の愛と、たがいへの尊敬の心と
愛の選択の実践に基づいた
家族をつくるという
決意によって結ばれている
私の魂の家族《スピリチュアル・ファミリー》へ

そしてこの本に含まれる
愛の種子が育つほど豊かな心を持つ
私の家族《ヒューマン・ファミリー》である人々へ
これらの愛の種子が
あなたの人生において花開きますように

愛の選択 ◎ 目次

謝辞

母親が自らの子供に接するように、精一杯の愛と献身をもってこの本を形にしてくれたジャネット・ミルズに心からの感謝を表したい。

同じく時間と愛を費やし、この本の実現のために力を貸してくれた人々に感謝する。最後に、この本に生命を与えたインスピレーションと美しさとを私たちの創造主に感謝したい。

トルテック

トルテックとは愛のアーティスト、
スピリットのアーティストである。
毎瞬、毎瞬、最も美しき芸術、
夢という芸術を創造している者。

人生とは夢にほかならない。
もしも私たちがアーティストであったなら
私たちは自分たちの人生を愛によって創造することができる。
そのとき、私たちの夢は最も美しい芸術となる。

序文　マスター

その昔、あるマスターが群衆に向かって話をしていた。彼のメッセージはあまりにもすばらしかったので、人々はみな、彼の愛の言葉に心を打たれた。その人混みの中に、マスターの話す一言一言に耳を傾けている男がいた。この男はとても謙虚で広い心の持ち主だった。彼はマスターの言葉に非常に感動したので、家にマスターを招待する必要があると思った。

マスターが話し終えると男は人混みの中を歩いていき、マスターの目を見て言った。「あなたが忙しく、皆あなたに注意を向けられたがっていることは存じております。あなたが私の話を聞く時間を割くことも容易ではないことも知っております。しかし、私の心はこんなにも開かれていて、あなたに対しこんなにも愛を感じておりますので、あなたをぜひ私の家へ招待したいのです。あなたのために最高のごちそうを用意したいのです。この申し出を受けていただけるなどとは思いませんが、ただどうしてもこのことを知っていただきたくて」

マスターは男の目を見ると、世にも美しい笑顔を浮かべてこう言った。「準備を整えない。伺いましょう」　そして、マスターは歩き去って行った。

この言葉に男の心は喜びでいっぱいになった。彼はマスターに尽くし、彼に対する自らの愛を示すのが待ち遠しかった。それは彼の人生で最も大切な一日となるだろう。マスターが彼とともにいてくださるのだ。彼は最高級の食糧とワインを買い、マスターに贈るための世にも美しい衣服を見つけた。そしてマスターを迎える準備を整えるため家へと飛んで帰った。家の隅々まで掃除し、世にも美味な料理をこしらえ、テーブルを美しく調えた。彼の心は喜びでいっぱいだった。なぜなら、もうすぐマスターがやって来るはずだからである。

何者かが男の家の戸を叩いたとき、男は不安と期待で胸を膨らませながら待ちかまえていたところだった。大いなる希望とともに戸を開けると、そこにはマスターの代わりにひとりの老女がいた。彼女は彼の目を見るとこう言った。「空腹なのです。パンを一切れ恵んでいただけますか」

男はそれがマスターではなかったことに少々がっかりした。彼は老女を見るとこう言った。「どうぞ、家の中にお入りなさい」　彼はマスターのために用意した場所に彼女を座らせると、マスターのためにこしらえた食事を与えた。しかし彼は落ち着かない気持ちで、彼女が食べ終わるのを待ち遠しく思った。老女はこの男の寛大さに心を打たれた。彼女は男に礼を言うと去っていった。

誰かが男の家の戸を叩いたとき、彼はかろうじてマスターのために食事を再び整え直したところだった。今度は砂漠を旅してきた見知らぬ者が立っていた。旅人は男の顔を見るとこう言った。「喉が渇いているのです。何か飲み物をいただけませんか」

男はそれがマスターではなかったことに再びがっかりした。彼は旅人を家に招き入れると、マスターのために用意した場所に彼を座らせた。彼はマスターに捧げるつもりであったワインを出した。旅人が去ると、男は再度マスターのために準備を整えた。

再び誰かが戸を叩いた。男が戸を開けると、そこには子供が立っていた。子供は男を見上げるとこう言った。「凍えそうなの。体を包む毛布をくださいな」

それがマスターではなかったことに男は少々がっかりしたが、子供の目を見ると心の中に愛を感じた。男はすばやくマスターに贈るつもりであった衣服をかき集めると、子供をその服で覆った。子供は彼に礼を言うと帰っていった。

男は再びマスターのために準備を整えると、夜遅くまで待った。マスターは来ないのだと気がついて彼はがっかりしたが、すぐにマスターを許した。彼は自分にこう言い聞かせた。「マスターがこの粗末な家に来てくださるなんてことは期待できないと分かっていた。

来るとは仰《おっしゃ》ってくださったけれど、何かもっと大事な用が彼をどこかに引き留めたのだろう。マスターはいらっしゃらなかったけれど、少なくとも来ると言ってくださったのだし、私の心が幸福になるにはそれで十分だ」

ゆっくりと彼は食事を片づけ、ワインを片づけ、そしてベッドへと向かった。その夜、彼はマスターが家にやって来る夢を見た。男はマスターに会えたことを嬉しく思ったが、夢だとは気づかずにいた。「マスター、来てくださったのですね。お言葉どおりに」

マスターはこう答えた。「そうだ、私は今ここにいる。だが前にもここに来た。私が空腹だったとき、あなたは私の飢えを満たしてくれた。私が喉が渇いていたとき、あなたは私にワインを与えてくれた。私が凍えていたとき、あなたは服で私を覆ってくれた。あなたが他の人にすることはすべて、この私にすることとなのだ」

男は目覚めると、心が幸福でいっぱいになっていた。なぜなら彼はマスターが教えたことを理解したからだ。マスターは彼をとても愛していたため、彼にもっとも偉大な教えを説くために三人の人を彼のもとへ送ったのだ。マスターはすべての人々の中に生きているのである。あなたが飢えた者に食べ物を与えるとき、喉が渇いた者に水を与えるとき、寒さに凍える者の体を覆ってやるとき、あなたはあなたの愛をマスターに捧げているのである。

第一章　傷ついた心

もしかするとあなたは考えたこともないかもしれないが、しかし、私たちはみんないずれかのレベルにおいてマスターである。なぜなら、私たちは自らの人生を創造し、支配する力を持っているからだ。

ちょうど世界のいたるところで社会や宗教が信じられないような神話を創り上げるのと同様に、私たちもまた自分独自の神話を創り上げる。私たちの個人的な神話にはヒーローや悪者、天使と悪魔、王者と平民などが登場する。私たちは心の中に、自分の多様な人格を含むすべての登場人物を勢揃いさせるのである。そのうえで私たちは、ある特定の状況ではどんなイメージを用いたらいいかを修得《マスター》するのである。私たちは、ふりをし、イメージを投影することに熟達し、何であれこうだと信じ込んだ自分自身にすっかりなりきる術《アート》を修得するのだ。他人に出会うと私たちは直ちに彼らを分類し、私たちの人生において彼らが果たす役割を定める。私たちは自分が他人のことをどのように信じ込むかに応じて、彼らについてのイメージを作り上げるのだ。そして私たちは同じことを、自分たちを取り巻くすべての人とすべての物事に対してしているのである。

あなたには創造する力がある。そのパワーはとても強いものなので、何をあなたが信じようと、それは現実になる。あなたが自分自身のことをどのように信じていようと、それはあなた自身が創り上げるのである。あなたのあり方が今のようであるのは、それがあなたが自分自身について信じ込んでいることだからなのだ。あなたのすべての現実、あなたの信じるすべての物事は、あなたの創造物なのである。あなたはこの世界の人間誰もが持つのと同じパワーを持っている。あなたと他人との主な違いは、どのようにあなたが自分のパワーを用いるか、そのパワーを使って何を創造するか、にあるのだ。多くの点であなたは他の人々と似ているかもしれないが、しかし世界中の他の誰一人としてあなたと同じように人生を送る人はいない。

あなたは、今のあなたになるまで、生まれてこの方ずっと自分を習慣づけてきたのだが、それがあまりにもうまくいくので、これが自分だと信じ込んでいる自分自身になる術を修《マス》得《ター》しているにすぎないのだ。あなたはあなた自身の性格《パーソナリティ》と信念を修得し、すべての行動、すべての反応を修得しているのだ。何年にもわたる習慣づけの結果、あなたはこうと信じ込んだ自分になるまで修得に修得を重ねるのだ。いったん私たちがみんなマスターだということが分かったら、自分たちがどのように修得をすればいいのかも分かる。

子供の頃、誰かとの間で問題を起こし、発作的にわっと怒りを爆発させる。すると、なぜかその怒りは問題をどこかへ押しやってくれる。これは願ったりかなったりだ。同じようなことが再び起こる。すると私たちは怒りで反応する。怒ると問題をどこかへ押しやることができるということをすでに知ったからだ。こうして私たちは実践を重ね、とうとう怒りのマスターとなるのである。

同様にして、私たちは嫉妬のマスター、悲しみのマスター、自己否定のマスターとなる。私たちの痛ましいドラマや苦しみはすべて実践から来る。私たちは自分自身とある合意を結び、その合意が完全に修得されるまでそれを実践するのだ。ついには私たちの考え方、感じ方、振る舞い方はあまりにも決まり切ったものになるので、もはや自分たちのしていることに注意を向ける必要もなくなる。私たちがある特定の振る舞い方をするのは、単なる行動、反応からなのだ。

愛のマスターとなるには、愛を実践しなくてはならない。人間関係の技《アート》もまた完全なる修得であり、それを達成する唯一の方法は実践することである。人間関係を修得《マスター》することは、したがって行動に基づいているということである。観念や知識の獲得ではない。それは行動なのだ。もちろん行動をとるには少々の知識、あるいは少なくともどのように人の創造力が作用するのかについて、もう少し気づくことが必要である。

◇

すべての人が皮膚病を持っている惑星であなたが暮らしていると想像してみてほしい。もうこの三千年もの間、あなたの惑星の住人は同じ皮膚病に苦しめられてきた。彼らは全身化膿した傷に覆われていて、触れるとひどく痛む。もちろんそれが正常な皮膚の生理状態だと彼らは信じ込んでいる。医学書までがその皮膚病を普通の皮膚の状態として扱っている。生まれたての頃は彼らの肌も健康なのだが、三歳から四歳になる頃、最初の傷が現われ始める。十代になる頃には体中に傷ができているのである。

この人たちがお互いにどうやって接するのか想像できるだろうか。誰かと関係を結ぶためには傷を守らなければならないのだ。彼らが触れあうことはほとんどない。なぜなら痛みが激しすぎるからだ。もしもあなたが不意に誰かの肌に触れたりしたら、あまりの痛みにその人はすぐに腹を立て、ただ同じ目にあわせるために、あなたの肌に触れる。それでもなお愛するという本能は非常に強いものなので、多くの犠牲を払ってまで人間関係を結ぼうとするのである。

さて、ある日奇跡が起きたと想像しよう。目を覚ますとあなたの皮膚は完治しているのだ。もうどこにも傷はなく、触れられても痛みを感じない。触れることのできる健康な肌はとても心地がいい。なぜなら、皮膚は知覚するようにできているからだ。誰もが皮膚病に冒されている世界で自分だけが正常な肌を持っていると想像できるだろうか。あなたは痛い思いをさせてしまわないかと恐れて彼らに触れることができず、あなたに痛い思いをさせると思い込んでいるために誰もあなたに触れようとしない。

もしあなたがこのことを想像できるなら、他の惑星から私たちに会いにやって来た訪問者が人間に対して同じような経験をするであろうということが、多分理解できるだろう。が、傷だらけなのは私たちの肌ではない。この訪問者が発見するのは、恐怖という病に冒された人間の心なのである。病気に感染した皮膚の描写と同様に私たちの感情体は傷だらけであり、それらの傷は感情の毒で化膿しているのだ。恐怖という病気の症状は、怒り、憎しみ、悲しみ、妬み、そして偽善である。この病気にかかった結果は、人間を苦しめるすべての感情として現われる。

人間はみんな同じ病気に心を冒されている。この世界は精神病院そのものだとさえ言える。しかし、もう何千年も前からこの病気はこの世界に存在していて、医学、精神医学、そして心理学の本はこの病気を正常なものとして扱ってきた。それらの学問はこの病気を正常なことだと見なしているが、私はこれを異常なことだと断言できる。

恐怖があまりにも大きくなると、あらゆる毒に冒されたそれらの傷はもはやどうにも耐えがたいものとなり、理性が麻痺する。心理学に関する書物では、これは精神病と呼ばれている。私たちはこれを分裂症、恐怖症、精神異常と呼ぶのだが、これらの病気は、理性があまりにも恐怖に冒されてしまい、傷があまりにも痛むため、外界との接触を断ち切った方がよくなってしまうときに生じるのだ。

人は傷つけられるという絶え間ない恐怖の中で生きていて、このことが私たちの行く先々で痛ましいドラマを引き起こすのだ。人間のお互いの関わり合い方はあまりにも感情的に苦しいため、明白な理由もなしに私たちは怒り、嫉妬し、妬み、悲しむのである。「愛している」と言うことさえ、恐くなってしまうのだ。しかし、感情的な相互作用がいくら苦しく恐ろしいものであってもなお、私たちは歩み続け、新たな関係を結び、結婚し、子供をもうける。

自らの感情的な傷を守るため、また痛い目にあうことへの恐怖から、人は心の中に非常に複雑な何かを作り出す。それは大がかりな否定のシステムである。この否定のシステムの中で私たちは完璧な嘘つきとなる。あまりにも完璧に嘘をつくため、私たちは自分自身に対してでも嘘をつき、自らの嘘を信じ込みさえする。やがて、嘘をついていることにも気がつかなくなる。時には、嘘をついてると知っているときでさえ、自らを傷の痛みから守るため、それを正当化し、その言い訳をするのである。否定のシステムとは、私たちの目を真実からくらます霧の壁のようなものなのだ。

私たちは自分のあるがままの姿を見たり、また他人にそれを見られたりするのがあまりにもつらいので、社会的な仮面を着けるのである。そうしてこの否定のシステムは、私たちが他のみんなに信じてもらいたい自分の姿を、そのまま彼らが信じていると私たちに思い込ませるのだ。私たちは人々を近づけさせないために防御の壁を築くが、この壁は同時にまた私たちの自由を制限し、内側に留まらせることになる。人は自らを覆い隠し、防御する。だから誰かがあなたに「痛いところを突かれた」と言うとき、それは厳密に言えばほんとうではない。実際は、あなたがその人の心の傷に触れた結果、自分の傷の痛みにその人自身が反応しているのである。

あなたが周囲の誰もが感情的な毒で化膿した心の傷を持っているのだと気づいていれば、人間たちの関係をトルテックが「地獄の夢」と呼ぶ理由が容易に理解できるはずだ。トルテックの視点からすると、私たちが自分について信じ込んでいることのすべて、そして私たちがこの世界について知っていることのすべては夢である。宗教的な地獄の描写のどれを取ってみたところで、それは私たちのひとつの夢の見方にすぎないものであり、この人間の社会と何の変わりもないものであることが分かる。地獄とは苦しみの場所、戦争と暴力の場所、正義なき裁きの場所、そして決して終わることのない処罰の場所のことだ。

この略奪者のジャングルの中で人間同士が敵対し合っているのだ――裁きと非難と罪悪感と感情の毒、つまり妬み、怒り、憎しみ、悲しみ、苦しみなどで満ち満ちている人間同士が。私たちは自らの人生でずっと地獄を夢見ることを覚えてきたために、心の中にこうしたすべての小さな悪魔を創り出しているのだ。

私たち一人ひとりが自分自身のために個人的な夢を創り上げるのだが、私たちより前の人間たちもすでに大きな外側の夢を創り上げていた。人間社会の夢である。外側の夢、あるいは地球の夢とは、何十億人もの夢想家たちの集団の夢である。この大きな夢は社会のすべての規則《ルール》、法律、宗教、様々な文化、そしてマナーを含んでいる。私たちの心の中に蓄積されたこれらすべての情報は、まるで私たちに同時に話しかける無数の声のようなものである。トルテックはこれを「ミトーテ」と呼ぶ。

ほんとうの私たちは、純粋な愛である。私たちは〈生命《いのち》〉そのものなのだ。ほんとうの私たちは外側の夢とは無関係なのだが、ミトーテは私たちが真の自分を見ることを妨げる。この視点から外側の夢を見たら、そしてもしあなたが真のあなたに目覚めていたら、人間の振るまい方のたわいなさを目にして、そのあまりの滑稽さに笑い出したくなってしまうだろう。他のみんなにとっては大真面目なドラマも、あなたにとっては喜劇となるのだ。あなたには、人々が重要でもなく、真実でもないことのために苦しんでいるのが見えるだろう。しかし、私たちには選択の余地がない。この社会に生まれ、この社会の中で育ち、絶えず無意味な演技をし、ナンセンスなことのために競争をし、他のみんなのようになることを学ぶのだ。

あなたが、地球上とは違う種類の感情を持った人々が住んでいる惑星を訪ねることができたと想像してみてほしい。彼らの互いの関わり合い方は常に幸福、愛、そして平和に満ちている。さて今度は、あなたが地球で目を覚ますと、あなたの感情にはもう傷がなくなっていると想像してみよう。あなたはもはや自分らしくあることを怖れてはいない。誰かがあなたに何を言おうと、何をしようと、それを個人的には受け取らず、したがってそれはもはやあなたを傷つけない。あなたはもはや自分をかばう必要がないのだ。あなたは愛すること、分かち合うこと、心を開くことを怖れなくなる。しかし、他人は誰一人としてあなたのようではない。いったいどのようにしたら、あなたは心に傷を負い、恐怖に冒された人々と関係を結ぶことができるのだろうか。

◇

人が生まれたての頃は、感情を持つ心、感情体は完全に健康である。おそらく三歳から四歳ぐらいの頃に感情体に最初の傷が現われ始め、感情の毒によって化膿し始める。しかし、二、三歳の子供たちを観察し、彼らの振るまい方を見てみると、彼らはいつも遊んでいる。彼らが常に笑っているのを目にするだろう。彼らの想像力はとてもパワフルで、彼らの夢の見方は探求のための冒険である。何かが自分たちの身に起きると、彼らは反応し身を守るが、しばらくするとただそれを手放して、再び遊ぶため、探求するため、そして楽しむために今《いま》という瞬間に注意を向ける。彼らは今《いま》に生きているのだ。彼らは過去を恥じず、未来についての不安を抱かない。幼い子供たちは感じたままを表現する。そして彼らは愛することを恐れない。

私たちの人生において最も幸せなときとは、子供のように遊んでいるとき、歌い踊っているとき、ただ楽しむためにだけ探求し創造しているときである。子供のように振る舞うことは、とてもすばらしい。なぜならそれこそが人間の正常な心、人間の正常な傾向だからである。子供と同様、私たちは無邪気であり、私たちにとって愛を表現することは自然なことなのである。それなのに私たちにいったい何が起きたのだろう。この全世界にいったい何が起きたのだろうか。

何が起きたのかというと、私たちが子供のとき、大人たちはすでにこの精神病にかかっていて、しかもその感染率は極めて高いものである。彼らはどのようにしてこの病気を私たちに感染させるのだろうか。彼らは、私たちの注意を引きつけることによって彼らのようになるよう私たちに教え込むのだ。このようにして私たちは子供たちに病気をうつし、このようにして私たちの親、教師たち、兄や姉、病んだ人々の社会全体が私たちをこの病気に感染させたのである。彼らは私たちの注意を引きつけ、そして私たちの心の中に繰り返し情報を流し込んだのだ。これが私たちが学んできたやり方なのだ。これが人の心をプログラミングする方法なのである。

問題はこのプログラム、つまり私たちが心の中に蓄えた情報である。注意を引きつけることによって私たちは子供たちに言葉を教え、読み方、振る舞い方、夢の見方を教え込むのだ。私たちは、犬や他の動物を飼い慣らすのと同じ方法で人間を飼い慣らす。つまり賞と罰によって。これはごくあたりまえのことだ。私たちが教育と呼んでいるものは、人間の飼い慣らし以外の何ものでもないのである。

私たちは罰を受けることを恐れるのだが、そのうちにほめてもらえないことや、パパやママ、兄弟や先生にとって十分に良い子でないこともまた恐れ始める。認めてもらう必要が出てくるのだ。それ以前は認められるかどうかなど気にもとめなかった。人々の意見など重要ではない。なぜなら、ただ遊ぶことが目的であり、そして今に生きているからである。

ほめてもらえないという恐れは、拒絶されることへの恐怖につながっていく。他の誰かにとって十分に良い子ではないことへの恐れが私たちを強いて変えるようにさせ、自己イメージを生み出させるのだ。そして私たちは単に受け入れてもらうだけのために、ただほめてもらうだけのために、人々が私たちにこうあってほしいと望む姿に応じて自己イメージを投影するようになる。

ママにとってパパにとって、先生にとって、宗教にとって、何にとっても、ただ十分に良い子であるだけのために、私たちはほんとうの自分とは違う人間になったふりをすることを覚え、そして他の誰かになろうと努力することを習慣づけるのである。実践を重ねることによって、自分ではないものになりきる術《すべ》を修得《マスター》するのだ。

やがて私たちはほんとうの自分を忘れ、自己イメージを生き始める。私たちは一つに限らず、多くの異なるイメージを仲間となる人たちの様々なグループに応じて創り出す。家庭でのイメージを創り、学校でのイメージを創り、そして大人になるとさらに多くのイメージを創り出すのである。

これは、同様にして、男女の関係にも当てはまる。単純化して言えば、女性の方は他人に投影しようとする外側のイメージを持っているが、一人のときは自分自身に対してもう一つのイメージを持っている。男性もまた外側のイメージと内側のイメージを持っている。

大人になる頃には外側のイメージと内側のイメージの違いはあまりにも大きくなるため、ほとんど一致しなくなる。

そのように、男女の関係の場合は少なくとも四つのイメージが存在する。では、いったいどのようにして彼らはお互いを知ることができるのだろうか。知ることなどできないのだ。彼らはそのイメージを理解するよう努めることしかできないのである。それなのに、考慮しなくてはならないイメージはもっともっと存在するのである。

男性が女性に出会うとき、彼は彼の視点から彼女のイメージを創りあげ、女性の方は彼女の視点からその男性のイメージを創りあげる。そうして彼は自分が抱いている彼女のイメージに彼女を適合させようとし、彼女は自分が抱いている彼のイメージに彼を適合させようとするのだ。この時点で彼らの間には六つものイメージがあることになる。もちろん、たとえ彼らが気がついていないとしても、彼らはお互いに嘘をついているのだ。彼らの関係は恐怖に基づいている、つまり、嘘に基づいているのだ。真実にではなく。なぜなら、濃い霧《ミトーテ》を通しては、真実の姿は見えないからである。

幼い子供の頃には、自分自身と装ったイメージとの間の対立はない。私たちのイメージがほんとうに試されるのは、私たちが幼児期を過ぎ、外の世界と影響しあうようになり、しだいに親の保護が得られなくなるようになってからのことである。十代が特に過ごしにくい時期になるのはこのためである。たとえ私たちに自己イメージを守り支える準備ができていたとしても、外の世界にそのイメージを投影しようとするやいなや、直ちに世界が反撃してくるからだ。外の世界は、個人的にだけではなく、また公然と、私たち自身がそうだと装っている自分とは違うということを証明し始める。

　非常に頭が良いふりをしている十代の男の子を例に挙げてみよう。彼は学校でのある討《ディ》論《ベート》会に参加したのだが、その討論会で彼よりさらに頭が良く、より準備を整えた子に負けて、彼は人前で体裁の悪いところを見られてしまう。そこで彼は、自己イメージを守るため、同級生たちの前でいろいろ言い訳けしたり、弁解したり、正当化したりしようとするだろう。あるいは、みんなにとても親切にしたりして、いろいろと取り繕おうとするだろう。だが彼は自分が嘘をついていることを知っているのだ。もちろん彼は同級生たちの前で崩れまいとしてベストを尽くしたのだが、一人になって自分自身を鏡に映してみるやいなや、鏡の前に行ってそれを叩き割ってしまうのだ。彼は自分が嫌で嫌で仕方がない。とても馬鹿で最低だと感じる。彼の内側のイメージと、彼が外側の世界に投影しようとしている自己イメージとの間に大きなズレがあるのだ。このズレが大きければ大きいだけ社会の夢に適応するのは難しく、彼が自分自身に抱く愛情は薄れていくのである。

　外側に対して装っているイメージと彼が一人きりのときの内側のイメージとの間には、

嘘の上に嘘が重ねられている。二つのイメージとも完全に現実から遠いものなのだ。どちらも偽物なのだが、彼にはそれが見えない。他の誰かにはそれが見えるかもしれないが、本人は完全に盲目になっているのだ。彼の否定のシステムは傷を守ろうとするのだが、傷は現実のものであるために、彼がイメージを守ろうと必死になって頑張れば頑張るだけかえって傷つき続けることになるのだ。

私たちが子供の頃、誰の意見も重要だと学び、そして私たちはこれらの意見を基準にして自らの人生を規制するようになる。誰かのたった一つの意見が、真実でもないのに、私たちをより深い地獄に突き落とすことができるのである。「君は醜い。君は間違っている。君は馬鹿だ」等々。意見とは、地獄に生きる人々のナンセンスな振る舞いを支配する多くの力を持っているものなのだ。私たちが自分のことを有能で、何でも上手にやれるし、美しいと言ってもらう必要があるのはこのためである。「どう見えるかな。僕の言ったことどうだった。僕、うまくやれてるでしょう」

私たちが他の人々の意見を聞かなければならないのは、私たちが飼い慣らされていて、これらの意見に左右されてしまうからである。他の人々の承認を求めるのはこのためである。他の人たちに感情的に支えてもらう必要があるのである。私たちは他人を通じて外側の夢に受け入れてもらうことを必要としているのである。十代の若者たちが酒を飲み、麻薬に手を出し、たばこを吸い始めるのはこのためである。そういったものをよしとする意見の持主たちに単に受け入れてもらうため、単にカッコいいと思ってもらうためなのである。

　私たちが投影しようとするこれらすべての偽りのイメージのために、実に多くの人が苦しんでいる。人々は自分が何かとても重要な存在であるかのように装いながら、同時に自分は無価値だと信じ込んでいるのだ。私たちはこの社会の夢の中で重要な人物になろう、他人に認められ、評価されようと懸命に努力する。偉くなろう、勝者になろう、権力者になろう、金持ちになろう、有名になろう、自分たちの個人的な夢を表現しよう、それを周囲の人間たちに押しつけよう、と一生懸命に努力するのだ。なぜなのだろう。それは人間が夢を現実《リアル》だと信じ込み、それを真《ま》に受けているからである。

第二章　無邪気さの喪失

人間とは、元来、感受性の非常に豊かな存在である。私たちはとても感情的である。なぜなら、私たちはすべてのことを感情体で受けとめるからである。感情体はある特定の周波数をキャッチしたり、またはそれに反応するよう調節することのできるラジオのようなものである。

飼い慣らし前の正常な人間の周波数は、人生を探求し、それを楽しむようになっている。私たちは愛に同調しているのだ。子供たちと同様、私たちは抽象的観念としての愛の定義など知らない。私たちはただ愛を生きる。それが私たちの本来の姿なのだ。

感情体には、何か異常があるとき私たちにそれを知らせるための警報システムのような要素がある。これは肉体においても同じである。私たちの体には、異常が生じたときそれを知らせる警報システムが備わっているのだ。私たちはこれを「痛み」と呼ぶ。私たちが痛みを感じるのは、体に私たちが目を向け、治《なお》さなければならない何らかの異常があるからである。感情体にとっての警報システムは「恐れ」である。私たちが恐れを抱くのは何かがおかしいからなのだ。もしかすると命の危険にさらされているのかもしれない。
　感情体は感情を知覚するが、それは目を通じてではない。私たちは自分の感情体を通じて感情を知覚する。子供たちはただ感情を感じる。彼らの理性はそれらを解釈したり問いただしたりはしない。子供たちがある特定の人々を受け入れ、別の人々を拒絶するのはこのためである。彼らは、誰かのそばにいて落ち着かないとき、その人を拒絶する。なぜなら、彼らはその人の発する感情を感じ取ることができるからだ。誰かが怒っていると、子供たちはそれを容易に感じ取ることができる。そして彼らの警報システムが「近寄るな」というかすかな恐怖を発信するのだ。

　私たちは家庭での感情的エネルギーと、それに対する自分たちの個人的な反応によっても感情的になることを覚える。兄弟や姉妹がそれぞれどのように自らを守り、様々な状況に順応するかに応じて異なった反応を示すのはこのためである。両親が常に喧嘩ばかりし、二人の間に不調和、尊敬に欠ける態度、嘘があると、私たちはその両親のような感情の抱き方を覚える。たとえ彼らがそのように振る舞うな、嘘をつくな、と言ったとしても、私たちの両親、私たちの家族全体の感情的なエネルギーが私たちに同じような仕方で世界を知覚させるだろう。

　私たちの家庭にはびこる感情的エネルギーは、私たちの感情体をその周波数へと同調させていく。私たちの感情体は周波数を変え始め、そうしてそれはついに人間の正常な周波数ではなくなってしまうのである。私たちは大人のゲームに加わり、外側の夢のゲームに加わり、そしてそれに屈するのである。私たちは無邪気さを失い、自由を失い、幸福を失い、そして愛するという傾向を失うのである。

私たちは変わることを強いられ、そして別の世界、別の現実を知覚し始める。正義のない現実、感情的な苦痛の現実、感情の毒の現実である。地獄へようこそ。地球の夢、人間の創り出す地獄へようこそ、ということになるのだ。私たちはその地獄に歓《よろこ》んで迎え入れられるが、それは私たちが個人的に生み出したものではない。それは私たちが生まれる前から存在していたのだ。

子供たちを観察してみれば、私たちがどのようにして真の愛と自由をだいなしにされていくかが分かるだろう。公園で走り回り楽しく遊んでいる二、三歳の子供を想像してみてほしい。ママはそこでその小さな子を見張っている。彼女はその子が転んで怪我をしないかと心配しているのだ。ある時点で彼女はその子を止めようとするのだが、子供はママが一緒に遊んでいるのだと思って、ママから逃げようといっそう速く走ろうとする。近くの通りには車が行き来していて、それがますますママを心配させる。そしてやっとその子をつかまえる。子供の方はママが遊んでくれていると思っているのに、ママは彼のお尻を叩く。パシン。それはショックである。子供の感じていた幸福は彼の内側からあふれ出る愛の表現だったから、彼はママがどうしてそんなことをするのか理解できない。これが時間をかけて少しずつ愛をストップさせていくショックなのである。子供は言葉を理解することはできないが、それでも、「どうしてなの」と問うことはできる。

走り回り遊ぶことは子供にとって愛の表現だったのだが、そのことはもはや安全ではなくなったのである。なぜなら、もしあなたが愛を表現すると、あなたの両親はあなたを罰するからである。彼らはあなたをあなたの部屋へと追いやり、あなたはしたいことができなくなる。両親はあなたが「悪いお兄ちゃん」、あるいは「悪いお姉ちゃん」だと言う。それを聞いてあなたはがっかりしてしまう。それはお仕置きを意味するからだ。

この賞と罰のシステムには正しい行いと間違った行い、何が公正で何が不公正か、という感覚がある。不公正だという感覚は、心に感情的な傷を負わせるナイフのようなものだ。そうすると、その不公正さに対する私たちの反応によっては、傷は感情の毒で化膿するかもしれないのだ。なぜ傷のうちのいくつかは化膿してしまうのだろう。別の例を見てみよう。

あなたは自分が今二、三歳だと想像してほしい。あなたは幸せであり、遊び、探求している。あなたは何が良く、何が悪いか、何が正しく、何が間違っているか、何をしているべきか、何をしているべきではないか、などと自覚してはいない。なぜなら、あなたはまだ飼い慣らされていないからだ。あなたはリビングルームで何でも周りにあるもので遊んでいる。あなたに悪気はなく、何かを傷つけようなどとはしていない。だが、あなたはパパのギターで遊んでいる。あなたにとってはそれは単なるおもちゃに過ぎない。あなたはパパを傷つけようなどとはまったくしていない。けれどもパパはまるで厄日のようなイライラした一日を過ごしている。彼は仕事で問題を抱えているのだ。そしてリビングルームに入ると、彼のギターで遊んでいるあなたを見つける。彼は直ちに怒りだし、あなたをつかまえると叩くのである。

　これはあなたの視点からすると不公正である。あなたの父親は、やって来るといきなり怒りであなたを傷つけるのだ。その人はあなたが完全に信頼している人だった。なぜなら彼はあなたのパパであり、ふつうならあなたを守り、遊べるようにしてくれて、あなたがあなたでいられるようにしてくれる人だからである。さて、何かがしっくりこない。この不公正だという感覚は心の中の痛みのようである。あなたは感じやすくなり、傷つき、泣き出す。しかし、あなたは単に彼があなたを叩いたから泣いているのではない。肉体的な攻撃があなたを傷つけるのではない。あなたが不公正だと感じる感情的な攻撃があなたを傷つけるのだ。あなたは何もしなかったのだ。それなのにこんな仕打ちを受けるなんて。

この不公正だという感覚はあなたの心に傷を作る。あなたの感情体は傷つき、そしてその瞬間、あなたは無邪気さの一部を失う。あなたは、自分の父親をいつも信頼していいとはかぎらない、ということを覚える。あなたの心は分析したりはしないためまだそのことを知らないとしても、「信頼できない」ということだけは理解する。あなたの感情体はあなたが信頼できない何かがあることをあなたに伝え、それはまた繰り返される可能性があることを伝える。

あなたの反応は恐れかもしれない。あなたの反応は怒ること、または内気になること、あるいはただ泣くことかもしれない。しかし、そういった反応はすでに感情の毒なのだ。なぜなら、飼い慣らし前の正常な反応とは、パパがあなたを叩いたら、叩き返したくなることだからだ。あなたが叩き返すか、単に手を挙げようとすると、あなたの父親をますます怒らせることになる。彼に反抗し、手を挙げたことに対する父親の反応は、もっとひどいお仕置きをすることなのだ。今度こそ彼があなたをだめにするだろうということをあなたは知っている。今となってはあなたは父親が恐くてならず、自分を守ろうともしなくなる。なぜなら自分を守ろうとすると、ことはもっと悪くなることを知っているからだ。とはいえ、あなたはいまだになぜそうなるのか理解していない。けれども、あなたは自分の父親がその気になれば自分を殺すことさえできる、ということを知る。このことは心にひどい傷を負わせることになる。それ以前はあなたの心は完全に健康だった。あなたはまったく無邪気だった。これ以後、あなたの理性はこの経験を何かにしようと試みる。あなたは特定の、あなた独自の態度で反応することを学ぶ。あなたはその感情をあなたの中に持ち続け、そしてそれはあなたの人生のあり方を変えてしまう。この経験は今よりもっとひんぱんに繰り返されることになるだろう。この不当な扱いをママとパパ、お兄ちゃんやお姉ちゃん、おばさんやおじさんたち、学校、社会、みんなから受けるようになるのだ。一つひとつの恐怖から身を守ることを学んでいくのだが、それは飼い慣らし前のような、ただ遊び、自分を守っていた頃のようなやり方ではない。

さて、傷の中には最初は問題にならないものがある。感情の毒だ。感情の毒は蓄積され、心はその毒をもてあそび始める。すると私たちは未来についてわずかに不安を抱き始める。なぜなら私たちは、毒の記憶があり、そのことが再び起こることを望まないからである。私たちには同じく受け入れられた記憶もある。ママとパパがやさしくしてくれて、調和の中に暮らしていた記憶もあるのだ。私たちはその調和を求めているのだが、それをどのようにしたら創り出せるのかが分からない。そして私たちは自分自身の認識のシャボン玉の中にいるため、周りで何が起ころうと、今ではそれがまるで自分のせいのように思えるのだ。ママとパパが喧嘩をするのは、自分のせいだと信じ込む。たとえそれが私たちに関係のないことであってもである。

徐々に私たちは自分の無邪気さを失っていく。恨みを覚え始め、そしてもはや許さなくなるようになる。やがて、これらの出来事や影響は、ほんとうの自分でいることは安全ではないことを私たちに気づかせる。むろんこのことは、当人の知性や教育に応じて一人ひとり激しさが異なるだろう。このことはさまざまな事柄にかかってもいるだろう。運が良ければ、飼い慣らしはさほどでもない。しかし、あまり運が良くなければ、飼い慣らしは非常に激しく、傷はあまりにも深くなり得るため、あなたは口を利《き》くことすら恐くなるかもしれない。その結果、「私はなんて内気なんだろう」ということになる。内気とは自分自身を表現することへの恐怖である。自分は踊れない、または歌えない、とあなたは信じ込んでいるかもしれないが、それは愛を表現するという人間の正常な本能の単なる抑圧に過ぎないのだ。

◇

人は、人を飼い慣らすのに恐怖を利用する。そして、私たちの恐怖は不公正な経験の一つひとつと共に大きくなっていく。不公正な感覚は私たちの感情体に傷を負わせるナイフのようなものだ。感情の毒は私たちが不公正だと見なす物事への反応によって作られる。いくつかの傷は癒されるが、その他の傷はますます毒で化膿していく。私たちがいったん毒でいっぱいになると、それを放出する必要が生じる。そして他人にそれを振りまくことによって放出する術《すべ》を身につけていくのだ。どのようにしてそれを行うのか。その人の注意を引きつけることによって、である。

ごく一般的なカップルを例に挙げてみよう。理由は何であれ、妻の方は怒っている。夫の不当な扱いから来る大量の感情の毒を持っているのだ。夫の方は留守なのだが、彼女はその不当な出来事を覚えていて、毒は内側で大きくなりつつある。夫が帰ってきたとき、まず最初に彼女がしたがることといえば、彼の注意を引きつけることである。なぜなら、いったん彼の注意を引きつけたら、すべての毒は夫である彼の方へと流れ込み、彼女は安らぎが得られるからである。彼がどれだけひどい人間か、どれだけ鈍いか、あるいはどれだけ不公正なことをしたかを伝えると同時に、彼女が内側に持っていた毒は彼女の夫の方へと移し換えられるのである。

彼女は彼の注目を得るまで止めどなくしゃべり続ける。やっとのこと夫が反応を示し、気分を害すると、彼女は気が済むのだ。しかし、今では毒は彼に回っていて、彼は仕返しをしなければならない。彼は彼女の注意を引きつけ、毒を放出しなければならないのだ。

だが、それは彼女の毒だけではない。それは彼女の毒に彼の毒が加わったものなのだ。この相互作用を見ると、彼らがお互いの傷に触れながら感情の毒でピンポンゲームをしていることが分かるだろう。いつの日か毒のうちのどれかが爆発するまで、それは増え続ける。これがたいていの人間が互いに関わり合う仕方なのである。

注意を引きつけることによって、人から人へとエネルギーが流れる。注意とは人間の心の中ではとてもパワフルなものである。世界中の人々が常に他人の注意を追い求めている。注意をとらえると、今度は私たちは意思疎通の経路《コミュニケーション・チャンネル》を創り出す。夢は移し換えられ、パワーは移し換えられ、そして同時に感情の毒も移し換えられる。通常、私たちは不公正な出来事に対して責任があると思われる人に毒を放出するのだが、もしその人が多くの権力を持っているためにその人には毒を撒《ま》けないとなると、私たちは相手が誰であろうとかまわなくなる。私たちは、自分ではなんの防衛もできない弱者たちに毒を撒きさえするのだ。

それは私たちの人間関係がいかに不当にできているか、ということである。権力者たちは自分たちより弱い立場にいる者たちにつけ込む。なぜなら、彼らは彼らで自分の毒を放出しなければならないからである。私たちには毒を放出する必要があり、ときには正義など望まない。ただひたすらそれを放出し、平安を得たいのである。人間が権力を常に追い求めるのはこのためである。なぜなら、権力があればあるほど、自ら身を守ることのできない弱者たちに毒を撒き散らすのが容易になるからである。

むろんこれは地獄での人間関係についての話である。私たちはこの惑星に存在する心の病気について話し合っているのだ。この病気のことで責められるべき人など誰もいない。これは良くも悪くも、正しくも間違ってもいないのだ。これは単純にこの病気の正統な病理なのである。不当な態度をとるからといって、罪のある人などいない。ちょうどあの想像上の惑星の人々が皮膚病にかかっているからといって悪いわけではないように、あなたに毒で化膿した傷があるからといってあなたが悪いわけではないのである。あなたは肉体的に病気になったり怪我をしたとき、自分自身を責めたり、あるいは罪の意識にかられたりはしない。ならば、なぜ感情体が病気だからといって悪く思ったり、罪悪感を持ったりするのだろうか。

大切なのは、私たちがこの問題を抱えているということに気づくことである。気づきがあれば、私たちは感情体や感情的な心を癒し、苦しみを終わらせる機会を得ることになるのだ。気づきなしでは私たちにできることは何一つない。そこで私たちにできることといえば、他人との相互作用において苦しめられ続けることだけである。しかも他人とだけではなく、自分自身との相互作用もある。なぜなら私たちは、ただ罰を受けるためだけに自らの傷にも同じく触れるからである。

◇

私たちは心の中に常に裁いている部分を創り出す。その「裁判官」は私たちのすることのすべて、しないことのすべて、感じることのすべて、感じないことのすべてを裁いている。私たちは、自分が信じていることに基づいて、また正義と過誤の感覚に基づいて、年がら年中自分自身を裁き、そしてまた他のあらゆる人を裁き続けているのだ。もちろん私たちは、自分は過ちを犯していると思い、罰を受けることを必要とする。裁きを受け、罰せられることを必要とする私たちのもう一つの部分とは「犠牲者」である。それは、「かわいそうな私、十分に優れていないし、十分に強くもないし、十分に頭が良いわけでもない。やるだけ無駄だわ」と言う部分のことである。

あなたが子供だったとき、何を信ずべきか、何を信ぜざるべきかを選ぶことはできなかった。裁判官と犠牲者は、あなたが選んだわけではないあらゆる偽りの信念に基づいている。その情報があなたの心に送り込まれたとき、あなたは無邪気だったので、すべてを信じ込んでしまったのだ。信念のシステムは、外側の夢によるプログラムと同じく、あなたの内側に組み入れられたのだ。トルテックはこのプログラムを「寄生体《パラサイト》」と呼ぶ。

人間の心は病んでいる。なぜなら心の中にこの寄生体が宿っていて、生きるエネルギーを奪い、生きる喜びを盗むからだ。寄生体とは、あなたを苦しめるありとあらゆる信念のことである。これらの信念はあまりにも根深いため、何年か後にあなたが新しい考えを学び、自分独自の決断を下そうとするときになって初めて、これらの信念が依然としてあなたの人生を支配していることに気づくのだ。

時折、あなたの中の幼い子供が顔を出してくる。二、三歳のままのほんとうのあなただ。あなたは今に生き、楽しんでいるのだが、あなたをそこから引き戻す何かがある。内側の何かが、こんなに楽しいなんて、自分にはふさわしくないとあなたに感じさせるのだ。内なる声が、この幸せはあまりにもでき過ぎていて、ほんとうとは思えないと言う。幸せ過ぎるのは正しくないことなのだ。ありとあらゆる罪悪感、ありとあらゆる非難、感情体の中のすべての毒が、あなたを痛ましいドラマの世界へと引き戻し続けるのである。

寄生体は私たちの祖父母から両親へ、私たちへと病気のように広がり、そして私たちはそれを自分の子供たちへと移す。私たちは、犬を訓練するのと同じやり方でそれらすべてのプログラムを子供たちの中へ叩き込むのだ。人間は飼い慣らされた動物であり、この飼い慣らしは私たちを恐怖の中で生きなくてはならない地獄の夢へと誘《いざな》っていく。

寄生体にとっての食べ物は恐怖から生じる感情である。寄生体が宿る前は、私たちは人生を楽しみ、遊ぶ、幼い子供たちのように幸福である。しかし、そういったすべての感情のゴミが心の中に投げ込まれた後は、私たちはもはや幸福ではいられない。私たちは自分は正しく、他のすべての人たちが間違っていることにする、ということを学ぶ。「正しく」あることが必要なのは、私たちが外側へ投影したいイメージを守ろうと努力した結果なのだ。私たちは自らの考え方を単に他の人間にだけではなく、自分自身にまで押しつけなければならないのである。

気づきがあれば、私たちはなぜ人間関係がうまくいかないかを容易に理解することができる。私たちの両親と、子供たちと、友人たちと、パートナーと、そして自分自身とすらも。なぜ自分自身との関係がうまくいかないのか。なぜなら私たちは傷を負っていて、手に負えないほどの感情の毒を持っているからだ。私たちは毒でいっぱいである。なぜなら私たちは、真実でもなく、存在もしない、心の中でおかしいと感じられる、あの完璧さのイメージとともに大きくなったからである。

たとえ他人が私たちのとはかけ離れた彼ら独自の夢を創り出しているとしても、その他人に気に入られたいばかりに私たちがどのようにして完璧さのイメージを作り出してしまうのかをこれまで見てきた。

私たちはパパやママに気に入られようとし、先生方、聖職者たち、宗教、そして神に気に入られようとする。しかし、ほんとうのことを言うと、私たちは決して彼らの視点からすれば完璧になどなれないのだ。その完璧さのイメージは、私たちが良い人間であると認められ、自分自身を受け入れてもらうためには、どうあるべきかを私たちに示す。だが、なんということだろう。それこそが私たちが自分に対して信じ込んでいる最大の嘘なのだ。なぜなら、私たちは決して完璧にはなれないからだ。そして完璧ではないということに対し、私たちが自分自身を許すということもまたあり得ないのだ。

この完璧さのイメージは私たちの夢の見方を変えてしまう。私たちは自分を否定し、拒絶することを学ぶ。私たちが持っているすべての信念によれば、私たちは決して十分に優れてもいず、また十分に正しくもなく、また十分に潔癖でもなく、また十分に健康でもないのである。

裁判官が決して受け入れたり、または許すことのできない何かが常に存在するのだ。私たちが自らの人間性を無視するのはこのためである。私たちが自分には決して幸せになる権利がないと思うのはこのためである。私たちが自分を虐待してくれる人、自分に罰を与えてくれる人を探し求めるのはこのためなのだ。この完璧さのイメージのせいで、私たちの自己虐待のレベルは非常に高いものになってしまうのである。

私たちが自分を拒絶し、裁き、そして自分を罪深いものと感じてひどく罰するとき、愛は存在しないように見える。ただ罰や、苦しみ、裁きだけがこの世界にあるように見えるのだ。地獄には多くの異なるレベルがある。ある人々は地獄の奥深くに、また他の人々は地獄の入口からほんのわずかばかりのところにいるだけだが、それでもやはり地獄にいることに変りはない。地獄にはひどい虐待を伴う人間関係があり、またそれをほとんど伴わない関係もある。

あなたはもう子供ではない。もしあなたが虐待を受けるような関係を結んでいるのなら、それはあなたが虐待を受け入れているからであり、自分はそうされても仕方がないと信じ込んでいるからなのだ。あなたに受け入れられる虐待の総量には限度があるが、世界中を見回しても、あなたが自分自身を虐待している以上にあなたを虐待する人は他に誰もいない。あなたの自己虐待の限度とは、あなたが他人に対してする我慢の限度のことである。もしも誰かが、あなたが自分自身を虐待する以上にあなたを虐待したら、あなたは歩み去り、走り、逃げる。だが、もしも誰かがあなたを、あなたが自分自身を虐待するより少し軽めに虐待するならば、あなたは恐らくもっと長くそこに留まるだろう。まだあなたはその虐待に値するのだ。

地獄での人間関係は、通常、不当な行いに対して払う代償に基づいている。おあいこになる、ということだ。あなたが必要とする虐待のされ方で私はあなたを虐待し、そして私が必要とする虐待のされ方であなたは私を虐待する。私たちはよく釣り合いがとれている。うまくできているのだ。もちろんエネルギーは、同じ質のエネルギー、同じ波動を引き寄せるのである。誰かがあなたのもとへやって来て、「いやはや、僕はほんとうにひどい仕打ちを受けているんだ」と言い、あなたが「それならどうしてそこに居続けるんだ」と聞いたとしたら、彼はそれがなぜなのか知りもしないだろう。実のところ、彼にはその虐待が必要なのだ。なぜならそれは、彼が彼自身を罰する仕方だからである。

人生はあなたがまさに必要としているものをあなたにもたらす。地獄には完璧な公平さがあるのだ。何も責めるべきものはない。私たちは、苦しみは贈り物だとすら言うことができる。

あなたが目を開き、まわりにあるものを見さえすれば、それこそがあなたの毒を洗い流し、傷を癒し、自らを受け入れ、地獄から抜け出すためにあなたが必要としているものなのだということが分かるだろう。

第三章　愛を信じなかった男

私はあなたにとても古いお話をしたいと思う。それは決して愛を信じなかった男の物語である。彼はあなたや私のような平凡な人間だったのだが、彼を特別にしたのは彼の考え方だった。彼は愛は存在しない、と考えたのだ。もちろん、彼は愛を見出そうとして多くの経験をし、彼を取り巻く人々を観察した。彼の人生の大半は愛を探すことに費やされたのだが、結局、愛は存在しないという結論に到達したのである。

彼は行く先々で人々に愛など詩人がでっちあげたもの以外のなにものでもなく、人間の弱い心を操るため、人々をコントロールするため、信心を植えつけるために宗教が生み出したものだと語っていた。彼は、愛など実在しはしない、たとえそれを探したとしても、誰一人それを見つけることができなかったのはそのためだと言った。

この男はとても知的で説得力があった。彼は多くの本を読み、一流の大学に行き、とても尊敬される学者になった。彼はいかなる公の場でも、どういった人々の前でも、堂々と立つことができ、彼の論理はとてもしっかりしたものだった。彼が言ったことは、愛は麻薬のようなものだということだった。それはあなたをとてもハイにしてくれるが、しかしとても強い依存を生じさせる。あなたはひどく愛に溺れてしまう可能性があり、もしそうなったときその日分の愛を受け取れなかったら、いったい何が起こるだろう。ちょうど麻薬のように、あなたは必要な量の愛を毎日服用しなければならなくなってしまうのだ。

彼はまた、恋人同士の関係は、そのほとんどがちょうど麻薬常習者と麻薬の売人との関係のようなものだとよく言った。より依存度の高い方が麻薬常習者のようなもので、依存度の低い方が売人のようなものだ、と。

依存度の低い方がこの関係全体をコントロールする側になる。あなたにはこの仕組みがはっきりと分かるだろう。なぜなら、通常、あらゆる関係にはとても愛する側と愛さない側、ハートを捧げる彼または彼女をただ利用する側の者がいるからである。彼らがどのようにお互いを操作し、どのような行動や反応をするか、まざまざとあなたの目に浮かぶだろう。彼らはまさに売人と麻薬常習者のようなものなのだ。

麻薬常習者、つまりとても依存度の高い方は、多分、次に服用する分の愛もしくは麻薬をもらえないかもしれないという絶え間ない恐怖の中で生きている。麻薬常習者は「もし彼女に去られたら、僕はいったいどうしたらいいのだろう」と考えるのだ。

そのような恐怖は麻薬常習者の独占欲を非常に深くしてしまう。「それは私のものだ」

と。常習者は、次の分量を得られないかもしれないという恐怖から嫉妬深く、要求がましくなる。売人の方は麻薬をいつもより多く与えたり、少なくしたり、全然与えなかったりして、依存者をコントロールしたり操作したりすることができるのだ。だから、依存度の高い方は完全に屈服し、見捨てられることを避けるためにできることならどんなことでもするようになるのである。

男はさらに、なぜ愛が存在しないのかをみんなに説明した。「人間が『愛』と呼ぶものは、コントロールに基づいた恐怖の関係以外のなにものでもない。どこに尊敬があるのか、どこに彼らがあると主張している愛が存在するのか。愛などない。若いカップルは、神の祭壇の前で、家族や友人の前で、互いに多くのことを誓いあう。生涯共に暮らし、良いときも悪いときも互いに愛しあい、尊敬しあい、お互いの支えとなり、常にそばにいる、などなど。彼らは愛を誓い、互いを尊重することを約束し、約束に約束を重ねる。驚くべきことは、彼らがほんとうにこれらの誓いを信じ込むということである。が、結婚後一週間、一ヶ月、あるいは数ヶ月も経たないうちに、これらの誓いのどれ一つとして守られなくなるのだ」

「あなたが直面するのは、若いカップルのどちらがどちらを操るのかを決めるためのコントロールの争いだ。どちらが売人でどちらが常習者となるか。数カ月も経たないうちに、お互いに持とうと誓いあった尊敬の気持ちなどどこかに消え失せていることが分かる。恨みや感情の毒がじわじわとまわり、お互いに傷つけあい、ついには毒が大きくまわって、いつの間にか愛がなくなっているのをあなたは目にすることになる。彼らが一緒にいるのは、一人きりになるのが恐いから、他人の意見や批判が恐いから、さらに自分自身の批判や考えが恐いからだ。しかし、愛はどこにあるのだろう」

彼は、三十年、四十年、五十年間一緒に過ごし、そしてそれほどの年月を共に暮らしたことをとても誇りにしているたくさんの老いたカップルに会ったと話した。しかし、自分たちの関係に触れたときに彼らが言ったことは、ただ「結婚生活を送り続けた」だけのことだということである。これは、二人のうちの一人が屈服したということを意味する。ある時点で妻はあきらめ、苦しみに耐える決意をしたのだ。より強い意志を持ち、依存度の低い方が戦いに勝ったのだが、彼らが愛と呼ぶ炎はいったいどこにあるのだろう。彼らはお互いをまるで所有物のように扱う。「彼女は僕のものだ」「彼は私のものよ」

彼は、自分がなぜ愛など存在しないと信じているのか、その理由についてひたすら語り続け、周りの人々に「私はこれらすべてをすでに経験した。だから私はもうこれ以上私の心を操り、愛の名の下に私の人生をコントロールすることを誰にも許さないのだ」と語った。彼の主張はかなり筋が通っていて、彼は自分の言葉を駆使して多くの人々を説得した。

愛など存在しない、と。

やがて、ある日のこと、彼が公園を歩いていると、ベンチに座って美しい女性が泣いていた。泣いている彼女を見て、彼は好奇心を覚えた。彼女のとなりに腰を降ろすと、彼は彼女に何かできることはないかと尋ねてみた。なぜ泣いているのかと聞いてみた。愛が存在しないから泣いているのだと彼女が答えたときの彼の驚きようといったら想像がつくだろうか。「これはびっくりだ。愛など存在しないと考える女性がいるとは」と彼は言った。言うまでもなく、彼はより詳しく彼女について知りたくなった。

「なぜあなたは愛など存在しないと言うのですか」と彼は尋ねた。

「まあ、話せば長くなりますが」と言ってから、彼女は答えた。「私は精一杯の愛と、それにまつわるすべての幻想と、この人と生涯を共にしていくという希望とともに、とても若くして結婚しました。私たちはお互いに忠誠を尽くし、尊敬し、貞節を守ることを誓い、そして家庭を築きました。けれど間もなくすべてが変わりました。私は家と子供たちの面倒を見る忠実な妻となりました。が、私の夫はキャリアを積み続け、そして彼にとっては成功や家の外でのイメージのほうが家庭より大事になったのです。彼は私への尊敬の気持ちを失い、私も彼への尊敬の気持ちを失いました。私たちはお互いに傷つけあい、ある時点で私は彼のことを愛していないし、彼も私を愛していないことに気がついたのです。

けれど子供たちには父親が必要でした。私が留まり、彼を支えるためにできることは何でもすることにしたのは、そのためでした。今では子供たちも大きくなり、家を出ました。私にはもう夫と一緒にい続ける理由がないのです。尊敬もやさしさもありませんでしたから。たとえ別の誰かに出会ったとしても同じ結果になるのは分かっています。だって愛など存在しないのですもの。存在しないものを探しまわるのは無意味です。だから泣いているのです」

彼女のことをとてもよく理解した彼は、彼女を抱きしめて言った。「あなたの言うとおりです。愛など存在しません。私たちは愛を探し、心を開き、無防備になり、あげくの果てに見出すのはエゴだけです。たとえ、自分は傷つくことはないと思っていても、やはりそのことが私たちを傷つけます。どれだけ多くの関係を結ぶかは問題ではありません。何度も繰り返し同じことが起きるだけでしょう。愛を探すことにこれ以上なんの意味があるのでしょう」

彼らはとても似ていて、いまだかつてないほどの親友になった。それはすばらしい関係だった。彼らはお互いを尊敬しあい、決して相手を失望させなかった。彼らは共に歩んだ一歩一歩に満足感を覚えた。羨望や嫉妬はなく、コントロールもなく、独占欲もなかった。彼らの関係はどんどん成長し続けた。彼らは一緒にいることがとても好きだった。共にいるとき、とても楽しかったからである。彼らは、一緒にいないとき、お互いをとても恋しく思った。

ある日、男が郊外に出かけていたとき、世にも不思議な考えが頭に浮かんだ。「うーむ、もしかして彼女に抱くこの思いは愛なのかもしれない。しかし、これは今まで感じたものとはまるで違う。これは詩人が言うものとも違うし、宗教が説くものとも違う。なぜなら、私は彼女に対する責任などないからだ。私は彼女から何も奪いはしない。私は彼女に面倒を見てもらう必要もない。私は自分の困難を彼女のせいにしたり、自分のごたごたを彼女に持ち込む必要もないのだ。私たちは最高の時を共に過ごしている。お互いに楽しんでいる。私は彼女の考え方、感じ方を尊重している。彼女は私の邪魔などしない。まったく私の気に障らないのだ。彼女が他の人たちといるときも私は嫉妬心を抱かない。彼女が他の人たちとうまくいっても、妬みはしないのだ。もしかすると愛は確かに存在するのだが、しかしそれはみんなが愛だと思っているものとは違うのかもしれない」

彼は家に帰り、彼女と話し、彼の奇妙な考えを彼女に伝えるのが待ち遠しくてならなかった。彼が話し出すやいなや、彼女は言った。「あなたの言っていること、ほんとうによく分かるわ。ずっと前に同じ考えが浮かんだのだけれど、あなたが愛を信じていないって知っていたから、私はこのことをあなたと分かち合いたくなかったの。きっと愛は存在するのだけど、私たちが考えていたものとは違うのよ」

彼らは恋人同士となり、共に暮らすことを決意し、そして物事が変わらないことに驚いた。彼らはなおお互いを尊敬しあい、心から支えあい、そして愛はどんどん深まっていった。彼らはとても幸福だったので、もっとも単純なことでさえ、彼らのハートを愛で高鳴らせた。

男の心が自分が感じていた愛で満たされたため、ある夜、ついに大いなる奇跡が起きた。彼は星を眺めていたのだが、なかでも最も美しいのを見つけたとき、彼の愛があまりにも大きくなったので、その星は空から舞い降りて、気がつくとそれは彼の掌中に入っていた。次に二度目の奇跡が起こった。彼の魂がその星と融合し、ひとつになったのである。彼は強烈な至福を感じ、一刻も早く愛を証明するために彼女の所へ行き、その星を彼女の掌中に移したくなった。彼が彼女の手に星を渡すやいなや、彼女は一瞬疑念を抱いた。この愛にはなにか困惑させるものがあったのだ。そして、その瞬間、星は彼女の手から落ちてこなごなに砕け散ってしまった。

今も世界中を歩き回りながら、愛は存在しないと断言している一人の老人がいる。そして、一度は手にすることができたのに、一瞬の疑いのために手放してしまった楽園を思い続けて涙を流しながら男を待ち続けている、一人の美しい老女がいる。

これが愛を信じなかった男の物語である。

誰が間違いを犯したのか。何が間違いだったのか、当ててみたいだろうか。間違いは、自分の幸せを彼女に与えることができると思った男の側にある。星は彼自身の幸せであり、彼の間違いは自分の幸せを彼女の掌中におさめようとしたことである。幸せは決して私たちの外側から来るものではない。彼が幸せだったのは、彼の中からあふれ出す愛のためであった。彼女が幸せだったのも、彼女の中からあふれ出す愛のためだったのだ。しかし、彼が彼女を自分の幸せの源としたとたんに彼女が星を砕いてしまったのは、彼の幸せに対する責任を彼女が負えなかったからなのである。

どれほど彼女が彼を愛していようと、彼を幸せにすることはできなかった。なぜなら、彼が何を考えているのかなど決して分かるはずがなかったからである。彼女には彼が何を期待していたかなど知る術がなかった。なぜなら、彼女には彼の夢を知ることなどできなかったからである。

もしもあなたが自分の幸せを取り出して、それを誰かの掌中に委ねたら、遅かれ早かれ、彼女はそれを壊してしまうだろう。もしあなたが自分の幸せを他の誰かに渡したら、彼女はいつでもそれを奪うことができるのだ。で、もし幸せがあなたの内側からしか湧き出ることができず、それがあなたの愛の結果なら、あなた自身があなたの幸せの源なのである。

自分自身の幸せの責任を誰かに負わせることは決してできないのだ。しかし、結婚するために教会へ行くとき、まず最初に私たちがすることは指輪の交換である。私たちは新婦たる彼女が自分を幸せにしてくれ、そして新郎たる自分が彼女を幸せにすることを期待しながら、自分たちの星をお互いの掌中に委ねる。あなたがどれほど誰かを愛していようと、あなたは決してその誰かが望むとおりの人間にはなれないだろう。

これは私たちのほとんどがまず最初から犯す間違いである。私たちは自分の幸せをパートナーに託すが、それではうまくいかない。私たちは守ることのできない多くの約束を交わし、そして身動きがとれなくなるのである。

第四章　愛の道、恐れの道

あなたの人生のすべては夢以外の何ものでもない。あなたは幻想あるいは錯覚の中で生きており、そこではあなたが自分自身について知っているあらゆることは、あなたにとってしか真実ではない。あなたの真実はあなた以外の誰にとっても――あなたの子供たちや両親にとっても――真実ではないのだ。あなたが自分について信じていることとあなたの母親があなたについて信じていることを単純に考えてみてほしい。彼女はあなたのことをとても良く分かっていると言うかもしれないが、ほんとうのあなたについては見当もつかないのだ。あなたはそのことを知っている。あなたは母親のことをよく分かっていると思うかもしれないが、ほんとうの彼女については何も知らないのだ。彼女の心の中には誰とも分かち合ったことのない様々な空想の世界があるのだ。彼女の心の内側に何があるのか、あなたには見当もつかないのである。

あなたが自分の人生を振り返って、自分が十一歳か十二歳くらいの頃どんなことをしたか思い出そうとしてみれば、とてもその当時したことの五パーセント以上は思い出せないだろう。もちろん、もっとも大切なこと、自分の名前などは覚えているだろう。なぜならこれらは常に繰り返し口にするからである。しかし、時々、自分の子供たちや友人たちの名前を忘れたりすることがある。これはあなたの人生が夢で作られているからである。常に変わり行く無数の小さな夢で。夢には溶けていく傾向があり、私たちがごく簡単に忘れてしまうのはこのためである。

あらゆる人がそれぞれ、個人的な人生の夢を見ており、そしてその夢は他の誰の夢とも完全に異なっている。私たちは自分が抱くすべての信念に基づいて夢を見、そして自分がどう裁くか、どう犠牲にされるかに応じて、夢の中身を変える。二人の人間にとって同じ夢など決してありえないのはこのためである。ある関係の中で二人とも同じように考え、同じように感じ、同じように夢を見ているふりはできるかもしれないが、しかしこれは実際は起こりえないことなのである。別々の夢を見ている二人の夢見手がいるのだ。あらゆる夢見手は、それぞれの仕方で夢を見ている。だからこそ、二人の夢見手の間に存在する相違を受け入れる必要があるのだ。私たちはお互いの夢を尊重する必要があるのだ。

私たちは同時にいくつもの関係を持つことはできるが、しかしあらゆる関係は二人の間で結ばれるのであって、二人以上の間ではない。私は友人たち一人ひとりと、それぞれ二人だけの関係を結ぶのである。

私は自分の子供たち一人ひとりと関係を結んでおり、それぞれの関係が他とはまったく異なるのである。二人の人間の夢の見方に応じて、私たちが関係と呼ぶ夢の方向を作り上げるのだ。私たちが結ぶあらゆる関係——ママと、パパと、兄弟たちと、姉妹たちと、友人たちとの——は、それぞれ独自なものである。なぜなら、私たちはそれぞれに小さな夢を共に見るからである。あらゆる関係は、二人の夢見手によって作られる生きた存在なのである。

ちょうどあなたの肉体が細胞でできているように、あなたの夢は感情でできている。これらの感情には二つの主な源がある。ひとつは「恐れ」であり、もうひとつは「愛」であって、したがって恐れから生じるあらゆる感情と、愛から生じるあらゆる感情がある。私たちは両方の感情を経験するのだが、普通、人々の心を圧倒的に支配しているのは恐れの方である。この世界での通常の人間関係の九十五パーセントは恐れに、そして五パーセントは愛に基づいていると言えるだろう。むろん、これは人によって異なるだろうが、しかし、たとえ恐れが六十パーセントで愛が四十パーセントであっても、やはりより多く恐れに基づいていることに変わりはない。

これらの感情を理解するために、私が「愛の道」と「恐れの道」と呼んでいる、愛と恐れのいくつかの特徴を述べてみよう。これらの二つの道は、単に、私たちがどのように人生を送っているかを見極める際の基準となるポイントにすぎない。これらの区別は、私たちが物事を論理的に理解し、選択を左右すべく試みるときに必要なものである。愛と恐れの特徴をいくつか見てみよう。

愛には義務がない。恐れは義務だらけである。恐れの道では、私たちが何をしようと、それはせねばならないからであり、そしてまた他人にも同じことを期待する。なぜなら、彼らもそうせねばならないからである。私たちには義務があるのだが、そうせねばならないとなると、私たちはすぐさまそれに抵抗する。抵抗すればするほど私たちはますます苦しくなる。遅かれ早かれ、私たちは自分の義務から逃げ出そうとするようになる。一方、愛には抵抗がない。私たちが何をしようと、それはそうしたいからである。それは喜びとなる。ゲームのように、私たちはそれを楽しむのだ。

愛には期待がない。恐れは期待でいっぱいだ。恐れと共にあるときは、私たちが何かをするのはそうしなくてはならないと思うからであり、また他の人にもそうすることを期待する。恐れは人を傷つけるが、愛は傷つけないというのはこのためである。私たちは何かを期待し、それが実現できないと傷つくのだ。それは不公正だ、と。私たちは自分の期待が裏切られたことで他人を責めるのだ。私たちが愛するときは、期待などしない。そのときには、私たちが何かをするのはもっぱらそれをしたいからであり、そして他人がそれをするかしないかは彼らがそうしたいかどうかの問題であって、私が個人的に受け取ることではない。私たちが何かが起こることを期待していなければ、何も起きなかったとしてもそれはそれでかまわない、ということになる。それで私たちが傷つけられたと感じることはない。なぜなら、何かが起ころうと起こるまいとどちらでも良いからである。私たちが誰かを愛しているときは、ほぼどんなことも私たちを傷つけることがないのは、このためである。愛する相手に何かをしてほしいと期待したり、義務で縛りあったりしないからである。愛は尊敬に基づいている。恐れはそれ自身を含むいかなるものも尊敬などしない。もし私があなたを哀れんだとしたら、それは私があなたを尊敬していないことを意味するのだ。あなたが自己選択ができない場合、もし私があなたのために選択をしなければならないとしたら、その時点で私はあなたを尊敬していないことになる。

もし私があなたを尊敬していなければ、私はあなたをコントロールしようとするだろう。私たちが自分の子供たちにどのように人生を生きたらいいか指図するのは、ほとんどの場合、それは私たちが子供たちを尊敬していないからである。私たちは彼らをかわいそうに思い、彼らが自分自身のためにすべきことを代わりにしてあげようとするのである。私たちが自分を尊敬していないとき、私たちは自分を哀れんだり、この世界で成功するほど十分な能力に恵まれていないなどと感じるのだ。あなたが自分自身を尊敬していない場合をどうやって見分けるか。あなたが「私はみじめだ、十分に強くないし、十分に知的でもないし、十分に美しくもない。成功なんてできっこない」と言うときがそうである。自己憐憫は尊敬の欠如から来るのである。

愛は同情したりしない。誰のことも哀れんだりはしないが、しかし慈しみの心はある。恐れは哀れみに満ちている。あらゆる人を哀れんでいるのだ。あなたが私を尊敬していないとき、私には成功するほど十分な強さはないと思うとき、あなたは私に対して哀れみを感じるのだ。愛は尊敬する。私はあなたが成功すると確信する。あなたは十分に強く、十分に知的で、十分に優れているので自分自身で選択ができるということを私は確信する。私があなたの代わりに選択をする必要などないのだ。あなたならできるから。もしあなたが転んだら、私は手を差し伸べ、あなたが立ち上がる手助けをすることはできる。私は「あなたならできる、さあ、進みなさい」と言うことができる。これは慈しみであって、哀れむこととは違う。慈しみの気持ちは尊敬と愛から来る。これに対して、哀れみの気持ちは尊敬の欠如と恐れから来るものなのである。

愛は完全に責任を持つ。恐れは責任を避ける。が、それで責任がなくなるわけではない。責任を免れようとすることは、私たちが犯すもっとも大きな間違いのひとつである。なぜなら、あらゆる行動からは結果が生じるからだ。私たちが考えるあらゆること、私たちが行うあらゆることから結果が生じる。もし何らかの選択をすれば、その結果または反応が起こる。もし何の選択もしなくても、やはりその結果または反応が起こるのである。どちらにせよ、私たちは自らの行動から生じる結果を味わうことになるのだ。たとえそれを望まないとしても、誰もが自らの行動に対する完全な責任を負わなければならないのは、そのためなのである。他の人があなたのしでかした間違いを償うべく努めることはできる。しかし、いずれにせよ、あなたは自分の間違いを償うことになり、その上、二倍償うことになってしまうのだ。他人があなたの代わりに責任を負おうとすると、それはより大きなカルマを生み出すだけなのである。

愛は常にやさしい。恐れは常に冷酷だ。恐れと共にあると私たちは義務でいっぱいになり、期待でいっぱいになり、尊敬の気持ちはなく、責任から逃げ、そして哀れみを感じる。これほどの恐れに悩まされていたら、いかにして気分良くなどなれるだろう。私たちは何もかもの犠牲者にされているように感じ、怒り、悲しみ、嫉妬し、また裏切られたように感じるのだ。

怒りとは仮面を着けた恐れ以外の何ものでもない。悲しみとは仮面を着けた恐れである。嫉妬もまた仮面を着けた恐れである。恐れから生じ、そして苦しみをもたらすこれらすべての感情と共にあるとき、私たちはやさしさを装うことしかできない。私たちがやさしくないのは、いい気分ではなく、幸福ではないからなのだ。あなたが愛の道にあるならば、あなたには義務などなく、期待もない。あなたは、自分自身あるいは自分のパートナーを哀れんだりはしない。あなたにとってはすべてが順調であり、だからこそあなたの顔には常にあの微笑みが浮かんでいる。自分自身に満足しており、そして幸せであるからこそ、あなたはやさしいのだ。愛は常にやさしく、そしてそのやさしさがあなたを寛大にさせ、すべての扉を開かせるのだ。愛は寛大である。恐れは利己的だ。ひたすら「私」なのである。利己心はすべての扉を閉ざしてしまう。

愛は無条件だ。恐れは条件だらけである。恐れの道では、もし私にあなたをコントロールさせてくれるなら、もし私に良くしてくれるなら、もし私があなたに対して抱いているイメージに適合してくれるなら、私はあなたを愛するのだ。あなたのあるべき姿のイメージを私は作り出すのだが、あなたがイメージどおりではなく、また決してそうはならないため、それを理由に私はあなたを裁き、そしてあなたが間違っている、と思うのだ。あなたが私の望むとおりの人ではないがために、私は幾度となくあなたのことを恥ずかしいとすら思う。もしもあなたが私の作り出すイメージに適合しないなら、あなたは私を当惑させ、私の気に障り、私はあなたにまったく我慢がならなくなる。私は単にやさしいふりをしているだけなのである。

これに対して、愛の道ではもしはない。条件などないのだ。私はあなたを、なんの理由もなしに、なんの正当化もなしに、愛する。私はありのままのあなたを愛し、そしてあなたにはあなたらしくしている自由がある。もしもありのままのあなたが気に入らないのなら、私は自分が気に入る他の誰かと一緒にいればよい。私たちには誰ひとりとして他人を変える権利などなく、また私たちを変える権利など誰にもないのだ。私たちが変わるとすれば、それは私たちが変わることを望むからであり、もうそれ以上苦しみたくないからなのである。

ほとんどの人は恐れの道で一生を過ごす。彼らが関係を維持するのは、そうせねばならないと感じるからである。彼らは自分のパートナーに対し、また自分自身に対し、ありとあらゆる期待を抱くような関係にある。これらすべての厄介や苦しみの原因は、私たちが生まれる前から存在していた意思疎通の経路《コミュニケーション・チャンネル》を用いていることにある。

人々は裁判官になり、あるいは犠牲者になり、お互いの噂話《ゴシップ》をする。バーで、友人たちについての噂話に花を咲かせるのだ。彼らは自分の家族同士をいがみ合わせる。彼らは感情の毒を蓄積させ、そして自分の子供たちへとそれを送り込む。「あなたのお父さんを見てご覧なさい。彼が私に何をしたか……。お父さんみたいな人になってはだめよ。男ってみんなこうなんだから……」「女ときたらみなこれだ」これこそ私たちが愛している人々、私たちの子供たち、私たちの友人たち、私たちのパートナーにしていることなのだ。

恐れの道にはあまりにも多くの条件、期待、そして義務があるため、自分たちを感情的な苦しみから守るだけのために、私たちは多くのルールを作り出すのだ。ほんとうはどんなルールもあってはならないというのに。これらのルールは、私たちの間の意思疎通の経路の質を低下させる。なぜなら、私たちは恐れていると嘘をつくからである。もしあなたが私に対して特定の振る舞い方を期待するなら、私はそのとおりに振る舞う義務を感じる。が、実を言うと、私はあなたの望んでいるような人間ではないのだ。で、私が正直に、ありのままにしていると、あなたはたちまち傷つき、怒りだす。そこで私はあなたに嘘をつくことになる。あなたの裁きが恐いからである。私は、あなたが私のことを責め、私が悪いと判断し、そして私を罰するのが恐いのである。そして思い出すたびに、あなたは何度も何度も私を同じ過ちのために罰するのだ。

　愛の道には正義がある。もしあなたが過ちを犯したら、あなたはその過ちに対して一度だけ償い、そしてもしあなたがほんとうに自分自身を愛していれば、その過ちからあなたは学ぶのだ。恐れの道には正義などない。そこでは、同じ過ちに対して何度も何度もあなた自身に償わせる。また、同じ過ちに対してあなたは何度も何度もパートナーや友人に償わせるのだ。これは不当だという感覚を生み出し、多くの感情的な傷口を開く。で、もちろん、あなたはみじめな思いをするだけである。人間はありとあらゆることについて――ごく単純でささいなことについてすら――痛ましいドラマを引き起こす。地獄では二人とも恐れの道にいるため、通常の関係においてもそうしたドラマを私たちは目にするのだ。

◇

あらゆる人間関係には二つの半分がある。一方の半分はあなたであり、片方の半分はあなたの息子、娘、父親、母親、友人、あるいはパートナーである。二つの半分のうち、あなたに責任があるのはあなたという半分だけである。もう一方の半分には、あなたは責任はない。あなたが相手をいかに身近に思っていようと、いかに激しく愛していようと、相手の頭の中にあることに対してあなたに責任はあり得ないのである。相手が何を感じているか、何を信じているか、またどんな思い込みをしているか、あなたには決して知り得ない。ほんとうのことは決して分からないのだ。これが真実なのだが、しかし、私たちときたらどうだろう。私たちはもう片方の半分に対して責任を負おうとする。地獄での人間関係が恐れ、もめ事、そしてコントロールの争いに基づいているのはそのためなのである。

もし私たちがコントロールの争いをしているなら、それは私たちに尊敬の気持ちがないからである。実を言えば、私たちは愛してなどいないのだ。あるのはエゴであり、愛ではない。私たちは単に、いい気分にさせてくれる一服の錠剤を求めているにすぎないのだ。

私たちに尊敬の気持ちがないとき、コントロールの争いが起こる。なぜなら、それぞれが相手に対して責任があるように感じるからである。私はあなたを尊敬していないので、あなたをコントロールしようとするのだ。私はあなたに対して責任を持たなければならない。なぜなら、あなたに起こるどんなことも私を傷つけ、そして私はその痛みを避けたいからである。あるいは、もしあなたが責任を取ろうとしないのを見たら、私は始終あなたに責任を取るよううるさく言うだろう。しかしそれは私の個人的な観点からの「責任」であって、私が正しいということではない。

これは、私たちが恐れの道からやって来るときに起こることである。なんの尊敬もないので、私はあたかも、あなたが自分にとって何が良くて何が良くないかを見極めるほど十分に優れてもいず、また十分に知的でもないことを知っているかのように振る舞う。私は、あなたがある特定の状況に入り、そこで自分の面倒を見るほど十分には強くないと思い込むのである。で、私はあなたを自分の支配下に置かなければならず、そしてこう言うのだ。「君の代わりに僕がこうしてあげよう」、または「そんなことはしないほうがいい」と。私は、二人の関係のうちのあなたという半分を抑えつけて、すべてを自分の支配下に置こうとするのだ。もし私が二人の関係のすべてを支配してしまったら、あなたという半分はいったいどこにあるのだろう。これではうまく行くはずがない。

片方の半分と共に私たちが分かち合い、楽しみ、とてもすばらしい夢を一緒に創り出すことは可能である。が、その片方の半分はいつもそれ自身の夢、それ自身の意志を持っており、どれほど懸命に努力しようと、それをコントロールすることは私たちには決してできない。そこで私たちはひとつの選択を迫られる。対立やコントロールの争いを引き起こすか、あるいは遊び仲間やチームプレイヤーになるか、という。遊び仲間やチームプレイヤーは一緒に遊ぶが、それで互いに対立しあったりはしない。

あなたがテニスをしているとき、パートナーがおり、あるいはチームを組んだとしても、決してお互いが対立するようなことはないだろう。決して。たとえテニスのやり方に違いがあるとしても、目標は同じである――共に楽しみ、共に遊び、遊び仲間になるという。もしあなたのゲームをコントロールしたがるようなパートナーがいて、「そういうふうに打っちゃだめ、こういうふうに打ちなさい。違う、あなたは間違ったやり方をしているわ」などと彼女が言ったら、あなたは少しも楽しくなくなり、結局はそのパートナーとはもうテニスをしたくなくなってしまうだろう。チームを組む代わりに、あなたのパートナーはあなたのプレイの仕方をコントロールしたいのだ。もしチームという考えがなかったら、あなた方は常に対立することになるだろう。もしあなたが自分の配偶者や恋人との関係をチームとしてとらえることができれば、すべては良い方向へ向かい始めるだろう。人間関係では、ゲームでの場合ように、勝ち負けが問題なのではない。あなたがプレイするのは楽しみたいからなのだ。

愛の道では、あなたは相手からもらうよりも多くを相手に与える。ただし、もちろん、あなたはとても自分のことを愛しているので、身勝手な人々があなたを利用することは許さない。また、仕返しをしたりなどせず、きっぱりと意思を伝える。で、こう言うことができる。「あなたが私を利用しようとしたり、私に対して失礼であったり、私に対して不親切であったりしてほしくはありません。私にひどい言葉を浴びせかけたり、私を肉体的、感情的に虐待するような人は不必要です。私には、あなたが絶えずののしるのを聞いている必要などないのです。こう言ったからといって、私があなたより優れているということではありません。私が美しい関係を愛しているからなのです。私は笑うことが好きです。楽しむことが好きです。愛することが好きです。これは私が身勝手だということではなく、ただ恐怖の道の犠牲者にそばにいてもらう必要が私にはないということなのです。それは私があなたを愛していないということではありませんが、しかし私にはあなたの夢に対する責任が持てないのです。もしあなたが私との関係を続けるなら、それはあなたの『寄生体』にとっては耐え難くなるでしょう。なぜなら私は、あなたの内なるガラクタにまったく応えないでしょうから」

これはエゴイズムではない。これは自己愛だ。エゴイズム、コントロール、そして恐れは、ほとんどどんな関係も壊してしまう。一方、寛大さ、自由、そして愛はもっとも美しい関係を生み出し、真のロマンスを発展させていくのである。

◇

関係の術をマスターするかどうかはすべてあなた次第である。まず第一歩は気づくこと、誰もが自分自身の夢を見ているということを知ることである。いったんこのことを知ると、あなたは関係のうちの一方の半分、つまりあなた自身に対して責任を持つことができる。もしあなたがその関係の半分にだけ責任があるのだと分かれば、あなたは容易にあなたという半分をコントロールできるようになる。もう片方の半分をコントロールするのは私たちの役目ではない。もし私たちに尊敬の気持ちがありさえすれば、私たちは自分のパートナー、または友人、または息子や母親が、彼または彼女たち自身という半分についてのみ完全に責任があるのだということが分かる。もし私たちが片方の半分を尊重すれば、その関係には常に平和がもたらされるだろう。争いがなくなるのである。

次に、もしあなたが愛とは何か、恐れとは何かを知れば、あなたは自分の夢をどう他人に伝えたらいいかに気づくようになる。あなたの意思疎通《コミュニケーション》の質は、あなたが各々の瞬間ごとにする選択——あなたの感情体を愛に合わせるか、または恐れに合わせるか——にかかっている。もしあなたが恐れの道に踏み込んだら、ただそれに気づくことによって、あなたの注意を愛の道に転じさせることができる。ただ自分がどこにいるかを見ることによって、ただ注意を転じさせることによって、あなたの周りのすべてが変わるだろう。

そして最後に、もしあなたがあなた以外の誰ひとりとしてあなたを幸せにすることはできないということ、そしてあなたの幸せはあなたの内側からあふれ出す愛の結果なのだ、ということに気づけば、それはトルテックの最大の技《アート》、愛の修得《マスタリー》となるのだ。私たちは愛について語り、愛についての幾冊もの本を書くことはできるが、しかし私たち一人ひとりにとって、愛はそれぞれまったく異なったものである。なぜなら、愛は経験されなければならないものだからだ。愛とは概念的なものではない。愛とは行動的なものだ。愛が行動に移されるとき、それは幸福しか生み出し得ない。恐れが行動に移されるとき、それは苦しみしか生み出し得ないのである。

愛を修得する唯一の方法は愛を実践することである。あなたはあなたの愛を正当化する必要もないし、あなたの愛を説明する必要もない。あなたの愛をただ実践しさえすればよいのである。実践こそが愛のマスターを育て上げるのだ。

第五章　完璧な関係

完璧《パーフェクト》な関係というものを想像してみてほしい。あなたはパートナーといて、いつもものすごく幸福である。なぜならあなたは、あなたにとって完璧な女性あるいは男性と共に生きているからだ。で、あなたはその人との人生をどのように思い描くだろうか。

あなたのその人との関係の結び方は、いわばあなたが愛犬と関係を結ぶのとまったく同じやり方となるだろう。犬は犬である。あなたが何をしようと関係なく、それは犬のままなのだ。あなたは、犬を猫にあるいは馬に変えようなどとはしない。それはそのままのものなのだ。

この事実を他の人々との関係においてただ受け入れることは、とても重要である。あなたは他の人々を変えることはできない。ありのままの彼らを愛するか、さもなければ愛さないかのどちらかである。ありのままの彼らを受け入れるか、さもなければ受け入れないかのどちらかなのだ。あなたが望むような形に合わせるために彼らを変えようとすることは、犬を猫にあるいは馬に変えようと努力するようなものである。これは事実である。

彼らは彼らなのだ。あなたはあなたである。あなたは踊るか踊らないかのどちらかなのである。あなたは完全に自分に正直である必要がある。ほんとうはどうしたいのか正直に言い、踊る意志があるのかないのかを知らなければならないのだ。あなたはこの点を理解しなくてはならない。なぜならこれは非常に大事なことだからだ。このことを真に理解すると、あなたは他人について見たいものだけでなく、何が真実なのかを見ることができるようになる。

もしあなたが犬や猫を飼っていたら、あなたがどのようにペットとの関係を結ぶかについて考えてみてほしい。たとえば、あなたと愛犬との関係について検討してみよう。動物はどのようにしたらあなたと完璧な関係を持てるかを心得ている。あなたの愛犬が何か悪さをしたとき、あなたは愛犬に何をするだろうか。愛犬はあなたが何をしようと気にしない。ただあなたを愛しているのだ。何の期待も抱かない。すばらしいことではないだろうか。しかし、あなたのガールフレンド、ボーイフレンド、夫、または妻はどうだろう。彼らはとても多くのことを期待し、そして常に気が変わるのだ。

愛犬は、あなたとの関係の中で彼の占める半分に対して責任を持っている。この関係のうちの半分はまったく正常である。つまり、愛犬の部分だ。あなたが家へ帰ると、愛犬はあなたに向かって吠え、しっぽを振り、ハアハアと息を切らしてやって来る。あなたに会うことがとても嬉しいからだ。愛犬は自分の役をとても良くこなし、あなたは彼が完璧な犬だということを知っている。あなたの役も同じくほとんど完璧である。あなたは自分の責任を受け持っている。あなたは愛犬に餌を与える。愛犬の世話をする。愛犬と一緒に遊ぶ。あなたはあなたの愛犬を無条件に愛している。愛犬のためならほぼ何だってするだろう。あなたはあなたの役を完璧にこなし、あなたの愛犬は自分の役を完璧にこなしているのだ。

ほとんどの人がこういった犬との関係なら容易に想像することができるというのに、なぜ女性と、または男性とではできないのだろう。あなたは、完璧ではない女性、または男性を知っているだろうか。犬は犬である。それであなたはかまわない。あなたは犬の代わりに責任を持ったり、犬を犬らしくさせる必要などない。犬はあなたを良き人間、良き主人にしようなどとはしない。ならばなぜ、私たちは女性が女性のままで、あるいは男性が男性のままでいることを許し、彼、あるいは彼女を変えようとすることなく、あるがままのその人を愛することができないのだろう。

もしかしたらあなたはこう考えているのかもしれない。「でも、もし私と一緒にいる人が私にぴったりの女性、またはぴったりの男性ではなかったらどうするのだろう」と。これは非常に大事な質問である。もちろんあなたはあなたにぴったりの女性、あるいは男性を選ばなければならない。では、ぴったりの女性、ぴったりの男性とはいったい何なのだろうか。それはあなたと同じ方向をめざす人、あなたの目的と価値観と――精神的に、肉体的に、経済的に、そして霊的《スピリチュアル》に――合う人のことである。

どうしたらあなたのパートナーがあなたにぴったりだと分かるのだろう。あなたが男性だとして、女性の方があなたを選ぶと想像してみよう。もし男性を捜し求めている女性が百人いて、一人ひとりがあなたをひとつの可能性として見ているとしたら、いったいそのうちの何人にとってあなたはぴったりの男性となるのだろうか。答えは、分からないということだ。あなたが探求し、リスクを冒してみる必要があるのはこのためである。けれど、あなたにぴったりの女性とは、あなたがただありのままに愛することができる人、あなたが変える必要などまったくない人のことだと私は請け合うことができる。その人があなたにぴったりの女性なのだ。もしあなたがぴったりの女性を見つけ、同時にあなたが彼女にぴったりの男性だったら、あなたは運のいい人である。

もし彼女がありのままのあなたを愛し、あなたを変えようとしたがらなければ、あなたは彼女にぴったりの男性となるだろう。彼女はあなたに責任を持たなくてもよいのだ。彼女はあなたのことを、自らこうだと主張するとおりの人、自ら投影するとおりの人であると信用できる。彼女はできるだけ正直にし、あるがままの彼女をあなたに投影することができる。彼女は、後であなたに彼女らしくないと見抜かれることになるような、別の誰かのふりをしてあなたのもとへやって来たりはしない。あなたを愛する人は、ありのままのあなたを愛するのである。なぜなら、もし誰かがあなたを変えたいと望んでいるとしたら、それはあなたがその人の求めている人ではないことを意味するからである。では、なぜ彼女はあなたと一緒にいるのだろうか。

犬を愛するのが容易なのは、犬はあなたについての意見など持たないからである。犬はあなたを無条件に愛しているのだ。このことは重要である。そのように、もしあなたのパートナーがありのままのあなたを愛するなら、それはちょうど犬があなたを愛するのと同様なのだ。パートナーといるとき、あなたはあなた自身でいられる。ちょうど犬がただ犬のままであなたと一緒にいられるように、ただの男または女でいられるのである。

あなたに出会い、「こんにちは」と挨拶した後、すぐにあなたに思いを伝え始める人がいる。彼女は、待ちきれないほどの思いで自分の夢をあなたと分かち合いたかったのだ。自分では気がついていないかもしれないが、彼女は自分を開いているのだ。どんな人についても、その人をありのままに見ることはとても大切なことである。見たものについて、あなたは自分をごまかす必要などないのだ。あなたは手に入れたものが何なのかを見定めることができる——あなたの望むものか、そうでないかのどちらかなのだ。あなたは犬、猫、馬のことを、彼らが犬、猫、または馬であることを理由に責めることはできない。もし犬がほしいなら、なぜ猫を手に入れるのか。もし猫がほしいのなら、なぜ馬や鶏を手に入れようとするのだろうか。あなたは自分がどういった男性、あるいは女性を求めているのか知っているだろうか。それは、あなたの心を高鳴らせる人、あるがままのあなたと同調する人、素顔のあなたを愛する人である。では、なぜ自分をそうではない人の方へ追いやるのか。なぜ素直に自分が求めるものを得ようとしないのだろう。なぜ人に違う自分のふりをさせてまで、その人と付き合おうとするのだろう。これはあなたが彼女を愛していない、ということを意味するのではない。あなたがひとつの選択をし、イエスかノーかを言う、ということを意味するのだ。なぜならあなたは、自分自身のことも同じく愛しているからである。あなたがひとつの選択をすると、あなたはその選択に対する責任を負わなければならない。そしてもしそれらの選択がうまく行かなくても、あなたは自分を責めたりはしない。ただ単に別の選択をしさえすればいいのだ。

が、あなたがほんとうは猫の方が好きなのに、実際は犬を飼っていると想像してみよう。あなたは犬に猫のように振る舞ってほしいのだが、決して「ニャー」とは鳴かないため、それを変えようと試みる。いったい犬をどうしようというのだろう。猫を飼いなさい！それがぴったりの関係をスタートさせる唯一の道なのだから。まず初めに、あなたは自分が何を、いつ、どのように望んでいるのか知らなければならない。あなたの体が何を必要としており、心が何を必要としており、そして何があなたに良く合うかを正確に知らなくてはならないのだ。

何百万もの男や女がおり、そしてそれぞれが独特である。何人かはあなたと合い、何人かはまったくあなたと合わない。どんな人も愛することはできるだろう。しかし、毎日付き合うとなると、あなたによりいっそう同調してくれる人が必要となるだろう。その人はあなたとまったく似通った人である必要はない。あなた方二人は、鍵と鍵穴のように、うまくいく組み合わせであればいいのだ。

あなたは自分自身に対して正直であり、そして他の人々に対しても正直である必要がある。ほんとうだと感じられる自分を投影し、それ以外の自分を装わないようにしなければならないということだ。これはあなたが市場に出かけていくようなものだ。あなたは自分を売ろうとしているのだが、同じく買い物もしようとしている。買うためには、自分が手に入れようとしている品物の質が知りたい。が、売るためには、あなたは買い手に自分をありのままに見せる必要がある。問題は、あなたが他人より優れているか劣っているかではない。あなた自身でいることが重要なのだ。

自分が何を求めているか分かったら、それを手に入れるために危険を冒すのもよいのではないだろうか。もしそれがあなたの求めていたものではないと分かったとき、その代償を払うことになるということを承知の上でなら。いざとなってから「私の恋人は私を虐待する」などと泣き言を言わないことだ。そうなるだろうことははっきりと見抜けたはずなのだから。自分に嘘をつかないこと。ないものねだりをしないこと。これがメッセージである。もし自分が何を求めているか分かれば、それが愛犬との関係によく似ていることが分かるだろう。だが、それはもっとすばらしい。

あなたの目の前にあるものをよく見てほしい。見ないふりをしたり、あるいは、ありもしないものが見えているふりをせずに。品物があなたのニーズを満たさないのに、ただそれを手に入れたいばかりに、自分が見たものを否定してはいけない。必要のないものを買うと、それはただ倉庫に行くだけのことだ。人間関係においても同じである。もちろん、この苦い教訓を学ぶのに何年もかかるかもしれない。しかし、これは良いスタートなのだ。良いスタートを切れば、後はずっと楽になる。なぜなら、あなたはあなた自身でいられるからである。

もしかすると、あなたはすでにかなりの時間を関係に費やしてきたかもしれない。もしあなたが関係を続けることを選ぶ場合、あなたのパートナーをそのまま受け入れ、愛することで、新しいスタートを切ることができる。だが、まず最初にあなたは一歩下がって見る必要がある。あなたは自分自身を受け入れ、ありのままの自分を愛さなければならないのだ。ありのままの自分を愛し受け入れることによってのみ、あなたはほんとうの自分になり、表現することができるのだ。あなたはあなたであり、それ以上でも以下でもない。別の誰かであるふりをする必要などないのである。あなたが自分でないものになったふりをすると、あなたは常に失敗するだろう。

いったんあなたがありのままの自分を受け入れたら、次のステップはあなたのパートナーを受け入れることである。もし誰かと共にいる決心をしたら、彼女の何ものをも変えようとしないことだ。ちょうどあなたの愛犬や猫に対するように、彼女のままでいさせてあげるのだ。彼女には彼女のままでいる権利がある。自由でいる権利がある。あなたがパートナーの自由を奪うとき、あなたは自分自身の自由を奪っているのだ。なぜなら、あなたはパートナーがしていること、またはしていないことを見張るためにそばについていなければならないからである。そしてもし、あなたが自分自身をきちんと愛しているのなら、あなたはあなたの個人的な自由を決して放棄したりはしないだろう。

人間関係がもたらす様々な可能性が見えてきただろうか。これらの可能性を探求することだ。あなた自身になること。あなたに合った人を見つけること。危険を冒してもよいが、正直になること。もしうまく行くなら、共に歩き続けること。もしうまく行かなくなったら、あなた自身とあなたのパートナーにとって最善のことをすること――あなたが立ち去るか、彼女に立ち去ってもらうか。利己的にならないこと。あなたのパートナーに彼女が真に求めているものを見つける機会を与え、そして同時に自分にもその機会を与えること。もしうまく行かなくなったら、違った方向をめざすほうがいいのである。もしあなたがパートナーを彼女のままで愛せなくても、他の誰かがそのままの彼女を愛せるだろう。あなたの時間を無駄にしないこと、そしてあなたのパートナーの時間も無駄にさせないこと。これが礼儀というものである。

あなたが麻薬の売人で、あなたのパートナーが常習者だとする。もしそれがあなたの望むことではないのなら、別の誰かとの方があなたはより幸せになれるかもしれない。が、もしあなたがその関係に留まることに決めるのなら、ベストを尽くすことである。ベストを尽くしなさい。なぜなら、まいた種を刈り取るのはあなたの方だからである。もしあなたがパートナーをありのままで愛することができたら、もしあなたがパートナーに対し完全に心を開くことができたら、あなたはあなたの愛を通じて天国に至ることができるのだ。

もしあなたがすでに猫を飼っているのに犬が欲しくなったら、どうしたらいいのだろう。あなたは、そこから先へと前進し始めることができる。そのためには、あなたを過去に縛り付けている紐を断ち切り、ふたたび最初からやり直すことによって、新しいスタートをめざさなければならない。過去に執着し続ける必要はないのだ。私たちはみんな変わることができ、しかもより良い方向に転じ得るのだ。これは、あなたとパートナーとの間に何が起こったとしても、あなたがそれを許すための新しい出発点となる。それを手放すこと。なぜなら、それはあなたにとって重要なものでしかなかったからである。それは誤解以外の何ものでもなかったのだ。単に誰かが傷つき、同じ目にあわせようとしていただけのことだったのである。過去に起きたことが何であれ、関係を通して天国に至る可能性をだいなしにしてもよいほどの価値などないのだ。百パーセントその可能性をめざす勇気を持つか、あるいはこれまでの関係をあきらめることである。過去を手放し、毎日をより高いレベルの愛でスタートさせるのだ。このことは情熱の火を絶やすことなく、あなたの愛をよりいっそう成長させることだろう。

もちろん、良い目にあう、悪い目にあうとはどういう意味かにも目を向けなければならない。もし精神的に、あるいは肉体的に虐待されるということが悪い目にあうことだとすれば、そうしあっているカップルが共に居続けるべきかどうか、私には分からない。誰かが失業したり、仕事で何かうまくいかないことがあったり、あるいは事故に遭ったりするというのは、別の種類の悪い目である。もし恐れのせいで悪い目にあうのなら、もし尊敬の欠如、侮辱、あるいは憎しみのせいで悪い目にあうのなら、いったい何回ぐらい悪い目にあってもカップルが耐えられるか、私には分からない。

事故に遭うとか、仕事でついていない日があるとか、あなたがとにかく悪い目にあったときのあなたと愛犬との関係を考えてみるとよい。家に帰ると、愛犬がそばであなたに向かって吠え、しっぽを振り、あなたの注目を求めている。あなたは愛犬と遊ぶ気分ではないのだが、愛犬はそこにいる。愛犬はあなたが遊びたがらないことに対して傷ついたと感じることはないだろう。なぜなら、愛犬はそのことを個人的に受け取ったりしないからである。いったんあなたの到着を喜び、そしてあなたが遊びたくないと分かると、愛犬はどこかへ行き、ひとりで遊ぶ。愛犬はそこに留まり、あなたが嬉しそうにするのをしつこく要求したりはしない。だから、時には、あなたを幸せにしたがっているパートナーからよりもっと多くの心の支えを愛犬から感じられることがあるのだ。

もしあなたが元気に振る舞えるような気分ではなく、ただ静かにしていたいだけなら、それはあなたのパートナーにはまったく関係のないことである。もしかするとあなたには悩み事があって、静かにしている必要があるのかもしれない。しかしその沈黙は、あなたのパートナーに多くの思いこみをさせる原因となりうるのだ。「何か悪いことでもしてしまったのだろうか。私のせいだろうか」と。あなたのパートナーは無関係である。放っておかれれば、あなたの緊張感は抜け、また元気なあなたに戻るだろう。

鍵と鍵穴がぴったり合わなければならないのはこのためである。なぜなら、たとえあなた方の一方が悪い目にあったり、情緒不安定に陥ったりしても、あなた方は、お互いにあるがままでいることを許すことに合意しなければならないからである。すると、あなた方の関係は違う様相を帯びてくる。別のあり方が開けてきて、そういったことのすべてがとても美しいものとなり得るのだ。

人間関係とは技《アート》である。一人で夢を創造するより二人で夢を創造することの方が、マスターするのが困難である。あなた方二人とも幸せであり続けるためには、あなたはあなたという半分をパーフェクトに保たなければならない。あなたはあなたという半分に対して責任があるのだが、その半分にはかなりのゴミが溜まっている。あなたのゴミはあなたのものだ。そのゴミを片づけなければならないのは、あなたのパートナーではなく、あなた自身である。もしあなたのパートナーがあなたのゴミを掃除しようとしたら、彼女は痛い目にあうだろう。私たちは、求められてもいないことに鼻をつっこまないようにすることをおぼえなければならない。

また、あなたのパートナーという半分についても同じことが言える。あなたのパートナーもかなりのゴミを抱えている。あなたのパートナーがゴミを抱えていることを知って、あなたは彼女自身に自分のゴミを片づけるようにさせる。あなたは彼女を、そのすべてのゴミとともに愛し、受け入れるのだ。あなたは彼女のゴミを尊重するのである。ただし、あなたがパートナーと関係を結んでいるのは、彼女のゴミを掃除するためではない。彼女の分は彼女が掃除しなければならないのだ。

たとえあなたのパートナーに助けを求められたとしても、あなたには「ノー」と言うことを選ぶ権利がある。「ノー」と言うことは、あなたがパートナーを愛していない、あるいは受け入れていないということを意味するのではない。それはあなたがそのゲームをしたくない、あるいはできない、ということを意味しているのだ。例えば、もしあなたのパートナーが怒りだしたら、「君には怒る権利があるけれど、しかし君が怒っているからといって僕も怒らなくてはならないなんてことはないよね。君を怒らせる原因となるようなことは何もしていないのだから」と、あなたは言うことができるのだ。あなたはパートナーの怒りを受け入れる必要はまったくないが、怒ることを許してあげることはできる。何も言い合う必要はない。ただありのままの彼女でいさせてあげ、干渉することなく彼女が癒されるのを許してあげるのだ。そして同じく、あなた自身の癒しのプロセスに対しても彼女が口出しをしないという合意を結ぶことができる。

あなたは男で、幸せなのだが、なぜかあなたのパートナーは幸せではないとしよう。彼女は個人的な悩みを抱えている。彼女は山ほどのゴミを抱えていて、不幸せなのだ。あなたは彼女を愛しているので、彼女を支えてあげようとするだろうが、しかし支えるということは、彼女が不幸せだからといってあなたも不幸せになるということを意味するのではない。それは支えなどではまったくない。彼女が不幸せなとき、あなたまでが不幸せになったら、あなた方二人とも落ち込んでしまうだろう。もしあなたが幸せなら、あなたの幸福が彼女の幸福を快復させることができるのだ。

同様にして、もしあなたが落ち込んでいても、パートナーが幸せなら、彼女の幸せがあなたの支えになる。あなた自身のために、彼女に幸せでいてもらうのだ。かりそめにも、彼女の幸せを奪うようなことをしてはならない。職場で何が起きようと、帰宅してから彼女に毒を撒き散らすようなことはしないことだ。慌てず騒がず、問題はあなたのパートナー個人にはなんの関係もなく、単にあなた自身が始末をつけなければならないことなのだということを分かってもらうのだ。「君は幸せなままでいていいんだ。遊び続けていていいんだ。君の幸せを僕も楽しめるようになったら、仲間入りするからね。が、たった今は一人きりでいる必要があるんだ」とあなたは言うことができるのだ。

◇

もしあなたが傷ついた心の構造を理解するなら、愛情関係というものがなぜこれほどまでに困難なのか、その理由が分かるようになるだろう。感情体は病んでいるのだ。それは傷を負っている。毒があるのだ。もし私たちが自分が病気だということ、また自分のパートナーが病気だということに気がつかないでいると、私たちは利己的になる。傷は痛く、私たちは愛する人からすらも自らの傷を守らなければならない。しかし、気づきがあれば、私たちは異なった合意を結ぶことができる。パートナーが感情的に傷ついていると気がついていて、そしてそのパートナーを愛していたら、もちろん私たちはその傷に触れたいとは思わない。私たちは彼女が傷を癒すよう強要したくはないし、また私たちが傷を癒すよう彼女に強要されることも望まない。

あなたのパートナーと新しい合意——本で読んだ合意などではなく、あなた方にふさわしい合意——を結ぶリスクを負い、責任を負うのだ。もしその合意がうまく行かなければ、それを変え、新しいものを生み出すのだ。想像力を駆使して、新しい可能性を切り開き、尊敬の気持ちと愛に基づいた新しい合意を生み出すようにするのだ。尊敬と愛による意思《コミュニ》疎通《ケーション》こそは、愛を永続させ、決して関係をうんざりするものにさせないための鍵である。それは、自分が何をほんとうに望み、何をほんとうに必要としているかをあなたが見つけるかどうかにかかっている。あなた自身を信頼し、そしてあなたのパートナーを信頼するかどうかにかかっているのである。

　あなたがパートナーと分かち合おうとしているのは、あなたのゴミではなく、あなたの愛、あなたの愛情、あなたの理解である。あなた方二人にとってのゴールはもっともっと幸せになることであり、そしてそれはますます多くの愛を必要とする。そのためには、ちょうどあなたの愛犬が愛犬として完璧であるように、あなたが男性または女性として完璧であり、あなたのパートナーもパートナーとして完璧であることが必要である。もしあなたがパートナーに愛と尊敬の気持ちで接したら、得をするのはどっちだろう。それはまぎれもなくあなたの方である。

　あなたという半分を癒しなさい。そうすればあなたは幸せになるだろう。もしあなたがあなたという部分を癒すことができれば、あなたは恐れのない、要求がましくない関係を結ぶ準備ができるだろう。が、忘れてならないのは、あなたにはあなたという半分しか癒すことができないということである。ひとつの関係の中で、もしあなたがあなたという半分に働きかけ、あなたのパートナーが自分という半分に働きかけたら、いかに速く進歩が遂げられるかが分かるだろう。あなたを幸せにするのは愛であり、だからもしあなたが愛に仕え、あなたのパートナーも愛に仕えるようなれば、いかに多くの可能性が開けてくるか想像がつくだろう。なんの罪悪感も、非難も、怒りも、悲しみもなしにパートナーといられる日がやって来るだろう。完全に心を開くことができ、ただお互いに分かち合い、尽くし合い、愛を与え合うことのできる日が来たら、なんとすばらしいことだろう。

いったんカップルとなる決心をしたら、あなた方は自分が愛する人、自分が選んだ人に尽くすために寄り添うのである。あなたは愛する人にあなたの愛を捧げるため、お互いに愛に仕えるために寄り添うのである。口づけするごとに、触れ合うごとに、なんの見返りも求めることなく、ただお互いに愛する人を喜ばせるためだけのために一緒にいると感じるのだ。そのように一緒にいることは、セックス以上である。セックスもまたすばらしいものとなるが、それはまったく別の意味合いでである。セックスは二人の融合となる。セックスは完全なる受容、ダンス、芸術、美の究極の表現となるのだ。あなたはこういう合意を結ぶことができる。「私は君が好きだ。君はすばらしく、私をとても良い気分にさせてくれる。私は花を持ってくるので、君は美しい音楽を持ってきてほしい。そうして私たち二人は踊り、一緒に雲の上へと舞い上がっていくようにしよう」

それは美しく、すばらしく、ロマンチックである。もはやコントロールの争いはなく、お互いに仕えあうようになる。しかしそれは、あなたが自分自身に抱く愛がとても強いときのみ可能となるのである。

第六章　魔法のキッチン

あなたの家に魔法のキッチンがあると想像してみてほしい。その魔法のキッチンではあなたのほしがる食べ物は何でも、世界中好きなところから好きなだけ手に入れることができるのだ。あなたは何を食べるか決して心配しなくていい。あなたが望むものが何であれ、それが食卓に並ぶのだ。あなたは食べる物に対してとても寛大である。あなたは他人からお返しがもらいたいからではなく、ただ無条件に自分の食べ物を与えるのだ。家に誰が来ようと、あなたは食べ物を分かち合う喜びのためだけに食べさせるので、あなたの家は常に魔法のキッチンからのご馳走にあずかるためにやって来る人々で賑わっている。

そしてある日のこと、何者かがあなたの家の戸をノックする。それはピザを持った人である。あなたが戸を開けると、その人はあなたを見てこう言うのだ。「どうだ、このピザが見えるかね。もしあなたの人生を私に支配させ、何でもただ言うとおりにしてくれたら、このピザをあなたにあげよう。二度と飢えることはなくなるよ。なんといっても、私は毎日ピザを持って来られるのだからね。ただ私によくしてくれるだけでいいんだ」

あなたがどう反応するか想像できるだろうか。あなたのキッチンでなら同じピザを手に入れることができる。もっとおいしいピザですらも。にもかかわらずその人はあなたのもとへとやって来て、食べ物を与えようというのだ。もしあなたが彼の言うとおり何でもするなら。あなたは笑い、そしてこう言うだろう。「いえ、結構です。あなたの食べ物はいりません。食べ物ならいくらでもあるんです。あなたもうちに入って、何でも好きなものを食べられますよ。しかもあなたは何もしなくていいんです。あなたの言うとおりに私が何でもするなんて思わないでください。誰も食べ物で私を操ったりはできないのです」

今度はまったく反対のことを想像してみてほしい。何週間かが過ぎ、あなたは何も口にしていない。あなたはひどく空腹で、ポケットの中には食べ物を買うお金もない。さきほどのピザを持った人がやって来てこう言う。「さあ、ここに食べ物がある。私の言うなりになってくれたら、この食べ物をあげてもいいのだが」

あなたは食べ物の匂いを嗅ぐことができ、それにとても飢えている。あなたは食べ物を受け取り、その人が望むことを何でもしようと決心する。あなたがいくらか食べ物を口にするとその人はこう言うのだ。「もしもっとほしいなら、もっとあげられるが、そのためには私の言うとおりにし続けてもらわなくてはならない」

あなたは今日は食べ物にありつくことができたとしても、明日は食べ物が得られないかもしれない。そこで食べるためなら何でもすることに合意する。あなたは食べるためなら奴隷にだってなることができる。なぜなら、食べる必要があるのに、食べ物がないからだ。そしてしばらく経つと、疑いが出てくる。「このピザがなくなったらどうしたらいいのだろう。このピザなしには生きてはいけない。もし私のパートナーがこのピザを誰か他の人に与えようと決めたら、どうなるんだろう。私のピザを」

　さて、食べ物の代わりに愛の話をしているのだと考えてみてほしい。あなたは心の中にあふれんばかりの愛を持っている。あなたは自分自身のためだけでなく、全世界のための愛を持っているのだ。あなたは十分すぎるほどの愛を持っているので、他の誰の愛も必要としない。あなたは無条件に自らの愛を分け与える。あなたはもし……だったら愛するのではないのだ。あなたは愛の億万長者である。そして誰かがあなたの家の戸を叩き、こう言ったとする。「さあ、ここにあなたにあげる愛がある。もしあなたが私の言うとおりに何でもしたら、その愛をもらうことができるよ」

　あなたが愛に満たされていたら、どう反応するだろうか。あなたは笑い、そしてこう言うだろう。「ありがとう。でも私にはあなたの愛は必要ないのです。私にもこの心の中に同じ愛、むしろより大きく、より豊かな愛があって、私はそれを無条件に分かち合っているのです」

しかしもしあなたが愛に飢えていたら、もしあなたの心の中に愛がないときに誰かがやって来て、「愛が少々欲しいのかね。私の望むことをしてくれさえすれば、私の愛をあげてもいい」と言ったとしたら、何が起こるだろう。もしあなたが愛に飢えていてその愛を味わったなら、あなたはその愛のためにできることなら何でもするようになるだろう。わずかばかりの愛を得たいばかりに魂をそっくり与えてしまうことすらあり得るのだ。

◇

あなたの心はあの魔法のキッチンのようである。もしあなたが心を開いてみるなら、あなたの必要とする愛がもうすでにすべてあなたに備わっているのが分かる。「お願い、誰か私を愛してください。私はとても孤独で、愛を得られるほど良い人間ではありません。私が愛に値することを証明するためにも、私は私を愛してくれる誰かが必要なのです」と、愛を乞いつつ世界中を廻る必要などないのだ。私たちは、まさにここに、私たちの内側に愛があるにもかかわらず、その愛が見えないだけなのだ。

人々が自分には愛がないと信じているとどんな痛ましいドラマを招いてしまうか、分かるだろうか。彼らは愛に飢えている。で、誰か他の人からの愛をほんの少し味わうと、それは大きな依存を引き起こすのだ。彼らは愛について依存的になり、取り憑かれたようになる。そうしてあの痛ましいドラマが起こるのだ。

「彼が私のもとを去ったらどうしよう」

「彼女なしでどうやって生きていったらいいんだ」

彼らは、愛の売人――必要な分量の愛を毎日提供してくれる者――がいなくては生きられなくなるのだ。そして、飢えていて、そのわずかばかりの愛の切れ端をどうしても手に入れたいので、彼らは他人に自分の人生を支配することを許してしまうのだ。何をすべきか、何をすべきでないか、どの服を着、どの服を着るべきでないか、どのように振る舞い、どういった振る舞いを避けるべきか、何を信じ、何を信ずべきでないかを他人に指図させてしまうのである。「あなたがこのように振る舞えば、私はあなたを愛します。もしあなたが人生を支配させてくれるなら、あなたを愛します。私によくしてくれさえすれば、あなたを愛します。さもなければ、あきらめてもらうしかありません」などなど。

人間の問題は、彼らが心の中に魔法のキッチンを持っているということを知らない、ということである。ずっと以前自分の心を閉ざしてしまい、そこにある愛を感じなくなってしまったがために、そういったすべての苦しみが始まったのである。人生のある時点で、私たちは愛することを恐れるようになった。なぜなら、愛は不公正なものだと信じたからだ。愛は私を傷つけると。私たちは十分に他の誰かのためになり、他の誰かによって受け入れられようと努力したのだが、しかしうまくいかなかったのだ。もうすでに二、三回恋をし、そして失恋したことがある今、もう一度恋愛するなんて危険すぎるのだ。

もちろん私たちにはあまりにも多くの自己批判があるため、どのような自己愛もおそらく持てないのだ。自分への愛がなかったら、他の誰かと愛を分かち合うまねすらどうやったらできるのだろう。

私たちは関係を持つと利己的になる。なぜなら私たちは依存しだすからである。すべては自分中心なのだ。私たちはあまりにも利己的なため、人生を共にしている相手が自分と同じくらい依存してくれることを願う。私たちは自分の存在を正当化するため、また自分が生きているということには理由があるのだと感じるため、「私を必要としている人」が欲しいのである。私たちは愛を探し求めていると思っているが、実は「私を必要としている人」、コントロールし、操ることのできる人を探し求めているのだ。

人間関係にはコントロールの争いがある。なぜなら私たちは、人の注意を支配すべく競い合うよう飼い慣らされてきたからである。私たちが愛と呼ぶもの――誰かが私を必要としている、私のことを気にかけてくれるといった場合の感情――は愛ではない。利己心なのだ。どうしたらこれがうまく行くなどということがあり得るだろう。利己心からだとうまく行かないのは、そこには愛がないからである。二人とも愛に飢えているのだ。彼らはセックスのときに少しばかり愛を味わい、それに溺《おぼ》れるようになる。愛に飢えているからだ。しかもそこにはすべての裁きが待っているのだ。ありとあらゆる恐れ、ありとあらゆる非難、ありとあらゆる痛ましいドラマと共に。

そして私たちは愛とセックスについてのアドバイスを探し求めるようになる。それについての多くの本が書かれている。それらの本のほとんどは、「性的に利己的になる方法」についてのものだと言ったほうがよいであろう。それはそれでかまわないが、しかし、愛はどこにあるのだろう。それらの本を読んでも、愛することを学ぶことはできない。と言うより、愛について学ぶことなどひとつもないのだ。あらゆるものはすでに私たちの遺伝子、私たちの本性に備わっているからである。私たちは、自分たちがこの幻影の世界で作り上げる物事について以外、学ぶ必要などないのである。愛は私たちの内にあるというのに、私たちは自分の外にばかり愛を探そうとする。愛は私たちの内なるいたるところにある。しかし、私たちはそれを見る目を持っていないのだ。それは、私たちの感情体がもはや愛に同調していない、ということである。

私たちは愛することをとても怖れている。なぜなら、愛することは安全ではないからである。拒絶の恐怖が私たちを恐れさせるのだ。私たちは、ほんとうの自分ではない自分であるふりをしなければならない。私たちは、自分自身を受け入れてもいないのに、パートナーには必死に受け入れられようと努力しているのだ。が、問題はパートナーが私たちを拒絶するということではない。私たちが自分を拒絶しているということが問題なのだ。なぜなら、私たちは自分が十分に優れていないと信じ込んでいるからだ。

自己否定はもっとも重大な問題である。「完璧」という考え自体が完全に間違っていれば、あなたは決して自分自身にとって満足のいく人間になることはない。それは誤った観念である。実際にはそんなものはありはしないのだ。にもかかわらず、あなたはそれを信じている。完璧ではないがために、あなたは自分自身を拒絶しているのだ。そしてその自己否定の度合いは、どれだけ激しく大人たちがありのままのあなたに襲いかかり、それを破壊したかにかかっている。

飼い慣らしの後では、もはや誰か他の人に対して自分が良い人間かどうか、などという話ではなくなるのだ。あなたはもうすでにあなた自身にとって良い人間ではないのだ。なぜなら、あの大いなる裁判官が常にあなたのそばにいて、あなたが完璧ではないことを忘れさせないようにするからである。前にも述べたように、あなたは自分自身が望む人間になれないことに対して決して自分を許すことができない。それが真の問題なのである。もしその思い込みを変えることができれば、あなたは人間関係のうちのあなたという半分の面倒を見ることができる。もう一方の半分はあなたの問題ではない。

　もしあなたが誰かにその人のことを愛していると伝えたとき、その人に「そう、でもこちらはあなたを愛してはいません」と言われたら、それはあなたが苦しむ理由になるだろうか。単に誰かがあなたを拒絶したからといって、あなたが自分を拒絶しなくてはならないことにはならない。たとえ誰かがあなたを愛していないとしても、他の誰かがあなたを愛してくれるだろう。いつだって誰か他の人がいるのだ。で、あなたと一緒にいなければならない人と一緒にいるよりは、あなたと一緒にいたい人と一緒にいる方がいいのだ。

　あなたは、自分が持つことができるうちでもっともすばらしい関係に集中しなければならない。あなた自身との関係である。利己的になるということではない。自己愛ということだ。これらは同じではない。あなたが自分自身に対して利己的になるのは、自分への愛がないからだ。だからあなたは自分を愛する必要がある。そうすれば愛はますます大きく育っていくだろう。それからあなたが関係を結ぶとき、それは愛される必要があるからではなくなる。それは自由な選択となるのだ。あなたがもしそう望めば誰かを選ぶことができ、そして彼がほんとうはどのような人間なのかを見極めることができる。彼の愛を必要としていなければ、あなたは自分に嘘をつかなくてもすむのだ。

　あなたは完全である。愛があなたの内側から湧き出ているとき、あなたは孤独になるのが怖くて愛を探し求めたりはしない。あなた自身がしっかりと愛を抱いているときには、あなたは一人でいることができ、そしてそこにはなんの問題も存在しない。あなたは一人でいても幸福だし、また誰かと一緒でいても楽しいのである。

私とあなたがお互いに好きで付き合うのは、私たちが互いに嫉妬したいと思ったり、私があなたをコントロールする必要があったり、またはあなたが私をコントロールする必要があるからだろうか。もしそんなふうになるのなら、楽しくないに決まっている。もし私が批判されたり、裁かれたり、あるいは嫌な気分を味わうのなら、おつき合いなどごめんだ。苦しい思いをするようになるのなら、たぶん一人でいるほうがましだろう。人々はいざこざを起こすため、お互いを所有するため、お互いを罰するため、救われるために一緒になるのだろうか。ほんとうにそのために一緒になるのだろうか。もちろん、私たちにはそういったすべての選択肢がある。だが、いったい何を私たちはほんとうは求めているのだろうか。

私たちが子供のとき——五、六歳、または七歳の頃——他の子供たちに引きつけられるのは、私たちが遊びたいし、楽しみたいからである。他の子供たちと時間を過ごすのは、彼らと喧嘩をしたり、ひどいいざこざを起こしたいからではない。そうしたことは起こり得ることではあるが、長くは続かない。私たちはただずっと遊び続けるのだ。退屈したときはゲームを変え、ルールを変えるが、しかし常にそうやって私たちは工夫していくのだ。

あなたがもし、嫉妬し、独占し、パートナーの人生をコントロールしたいためにパートナーとの関係に入るのなら、それはわざわざいざこざを起こすためにそうするようなもので、あなたは楽しみではなく苦しみを求めているのである。で、事実、それがあなたが見出すものなのだ。もしあなたがパートナーに自分を幸せにしてくれることを期待しつつ、利己心から関係を結ぶなら、それは実現しないだろう。それはまた相手のせいではなく、あなた自身のせいなのだ。

私たちがそもそも関係を結ぶのは、分かち合いたいから、楽しみたいから、戯れたいから、退屈したくないからである。私たちがそもそもパートナーを探すのは、遊びたいから、幸せになり、ありのままの自分でいることでくつろぎたいからなのだ。私たちが愛を告白してパートナーを選ぶのは、ただ自分のゴミをそっくり彼女にぶちまけ、自分の嫉妬心のすべて、怒りのすべて、利己心のすべてを彼女にぶつけるためではない。

いったいどうしたら人はあなたに「愛してる」と言い、その直後にあなたを不当に扱い、虐待し、侮辱し、そして尊敬に欠ける態度をとるようなことができるのだろうか。その人はあなたを愛していると主張するかもしれないが、しかしそれはほんとうの愛なのだろうか。もし愛しているのなら、私たちは愛する者たちにとっての最善を願うはずだ。なぜ自分のゴミをわが子たちに背負わせるのか。自分が恐怖と感情の毒に満ちているからといって、なぜ子供たちを虐待するのか。逆に、子供はなぜ自分自身のゴミのことで両親を責めるのか。

人々は利己的になり、心をぴたりと閉ざすことを学ぶ。彼らは、心が魔法のキッチンであることを知らずに愛に飢えている。あなたの心は魔法のキッチンなのだ。心を開きなさい。愛を乞いつつ世界中を歩き回ったりするのをやめ、あなたの内なる魔法のキッチンのドアを開けなさい。あなたの心の中にこそあなたが必要としているすべての愛があるのだ。あなたの心はどれほどたくさんの愛でも生み出すことができる。単にあなた自身のためにだけでなく、全世界のために。あなたは無条件に愛を与えることができる。あなたは自分の愛を惜しみなく与えることができるのだ。なぜならあなたは心の中に魔法のキッチンを持っているからだ。すると、心が閉ざされていると信じ込んでいる愛に飢えた人々は、あなたの愛ゆえにあなたの近くにいたいと思うようになるだろう。

あなたを幸せにするのは、あなたの内側から湧き出す愛である。で、もしあなたが自分の愛を惜しみなく与えるなら、人々はみんなあなたを愛するようになるだろう。もしあなたが寛大なら、決して孤独になることはないだろう。もしあなたが利己的なら、あなたは常に孤独となるが、それはあなた以外の誰のせいでもない。あなたの利己心ではなく、あなたの寛大さがすべての扉を開くのだ。

利己心は、心の貧しさから、愛はありあまるほどたっぷりはない、という信念から来る。私たちは、もしかすると明日はピザが手に入らないかもしれないと信じ込むとき、利己的になるのだ。しかし、自分たちの心が魔法のキッチンであることを知っていれば、私たちはいつも寛大で、私たちの愛もまた無条件のものとなるのである。

第七章　夢のマスター

あなたの人生でのあらゆる関係は癒されることができ、どの関係もすばらしいものになり得るのだが、それは常にあなたから始まる。そのためには、あなたが真実を守り、真実をもって自分自身に語り、あなた自身に対して完全に正直にする勇気を持つ必要がある。多分あなたは全世界に対して正直にすることはできないかもしれないが、しかしあなた自身に対して正直にすることはできる。多分あなたは自分のまわりで起こっていることをコントロールすることはできないかもしれないが、しかしあなた自身の反応をコントロールすることはできる。それらの反応があなたの人生の夢、あなたの個人的な夢を導いていく。あなたをとても不幸にするのも、あるいはとても幸福にするのも、あなたの反応なのだ。

あなたの反応こそがすばらしい人生を送るための鍵である。もしあなたが自分自身の反応をコントロールする仕方を覚えることができたら、あなたは自分のこれまでの決まり切った生き方を変え、人生そのものを変えることさえできるのだ。

あなたには、自分が何を行い、考え、言い、そして感じようと、その結果に対する責任がある。多分、どの行動、どの感情、どの思考がその結果を招いたのかを見極めるのは難しいかもしれないが、しかし結果だけは見ることができる。なぜなら、あなたはその結果に苦しめられているか、または結果を楽しんでいるからである。選ぶことによって、あなたはあなた個人の夢をコントロールする。あなたは自分の選択による結果が好きかどうかを見極めなければならない。もしそれが楽しいなら、今あなたがしていることを続ければいい。申し分ない。が、もしあなたの人生で起きていることが嫌なら、もしあなたが自分の夢を楽しんでいないのなら、何があなたの気に入らない結果を生みだしているのかを突きとめるべく努力しなければならない。これがあなたの夢を変える方法である。

あなたの人生は、あなた個人の夢の現れである。もしあなた個人の夢のプログラムを変えることができたら、あなたは夢のマスターとなることができる。夢のマスターは最高傑作たる人生を創り出すことができるのだ。が、夢のマスターになることは容易ではない。なぜなら、人間は自らの夢の奴隷となっているからだ。私たちの夢の見方には罠が仕掛けられている。自分には何もできないとすっかり思い込んでいるので、恐怖の夢から逃れることが困難なのである。恐怖の夢から目を覚ますためには、夢のマスターになることが必要である。

古い夢をかなぐり捨て、あらゆること——古い夢から逃れることも含めて——を可能にする新しい夢を生み出すためにトルテックが「変容の術」を編み出したのは、そのためである。「変容の術」の中で、トルテックは人々を「夢見手」と「ストーカー」に二分する。夢見手は、夢が錯覚であることを知っており、そしてそのことを心得つつ、その錯覚の世界で遊ぶ。一方ストーカーは、トラやジャガーのように、あらゆる行為と反応をそっと追跡する人のことである。

あなたは自分自身の反応をそっと追跡しなければならない。刻々に自分自身に付いて行かなければならないのだ。それには多くの時間と勇気を要する。なぜなら、物事を個人的に受け取り、いつもしているように反応するほうがずっと容易だからである。しかし、それはあなたを多くの間違い、多くの苦しみや痛みへと向かわせる。なぜなら、あなたの反応は単により多くの感情の毒を発生させ、痛ましいドラマを増やすだけだからである。

もし自分の反応をコントロールすることができるようになると、すぐにあなたは見つめるようになる――つまり、物事をあるがままに受けとめるようになる――ことに気づくだろう。心は本来は物事をありのままに知覚するものなのだが、私たちが抱えているすべてのプログラミング、すべての信念のせいで、私たちは自分が知覚するもの、聞くもの、そしてとりわけ見るものに解釈を交えてしまうのである。

人が、夢の中でのように見ることと、判断を交えずに、ありのままに見ることには大きな違いがある。その違いは、あなたが知覚する物事に対するあなたの感情体の反応の仕方にある。たとえば、あなたが通りを歩いているときに、あなたのことを知りもしない人が「このバカ」と言って立ち去っていったら、あなたは様々な仕方でそれを受けとめ、それに反応することができる。あなたはその人の言ったことを認め、「そうだ、僕はバカにちがいない」と思うことができる。あなたは怒ることもできるし、または侮辱されたように感じることもできるし、あるいは単にそれを無視することもできるのだ。

実は、その人は彼自身の感情の毒をもてあましていて、あなたにそんなふうに言ったのは、あなたがたまたま彼とすれ違った最初の人だったからである。あなたにはなんの関係もなく、そこには何も個人的なものはなかったのだ。もしあなたがこの事実をありのままに見ることができたなら、あなたは反応などしない。あなたは、「見てごらん、あの人はあんなにも苦しんでいる」と言うことはできるが、それを個人的には受け取らない。これは単なる一例にすぎないが、しかしこれは毎瞬起こるほぼあらゆることに言える。私たちの中には、何ごとも個人的に受け取り、それに自分自身を過剰に反応させるちっぽけなエゴがいる。私たちが何がほんとうに起こっているかを見ないのは、物事にすぐに反応して、それを自分の夢の一部にしてしまうからである。

あなたの反応は、あなたの内面の奥深くにある信念から来る。あなたの反応の仕方は何度も何度も繰り返されてきたので、あなたにとってはお決まりのことになっているのである。あなたは、特定の仕方で反応すべく条件づけられているのだ。だからこそ、あえてあなたの通常の反応を変え、あなたのお決まりのことを変え、危険を冒し、そして違う選択をすべく試みてみなければならないのだ。もしその結果があなたの望まないものであるなら、最終的にあなたの望む結果が得られるまで、何度も何度もそれらを変えてみるのだ。

◇

私たちが寄生体《パラサイト》、つまり裁判官、犠牲者、そして信念のシステムを持つことを進んで選んだのでは決してない、と私は述べた。もし、私たちには選択の余地がなかったのだと知り、そしてこれらが夢以外の何ものでもないという気づきがあれば、私たちは失ってしまった非常に大切なもの、宗教が「自由意志」と呼ぶものを取り戻すことができる。宗教は、人間が造られたとき、神は私たちに自由意志を与えたのだと説く。これは真実なのだが、しかし夢が私たちからそれを奪い、隠してしまったのだ。なぜなら、夢がほとんどの人の意志を支配しているからである。

「私は変わりたい。ほんとうに変わりたいんだ。私がこんなに貧乏でいる理由なんて何もない。私は頭のいい人間だ。もっとましな生活をしてもいいはずだ。今以上の稼ぎがあってもいいはずだ」などと言う人たちがいる。そのとおりかもしれない。だが、それは彼らの心のつぶやきにすぎない。それは、これらの人々がどうするか見てみればわかる。すぐに彼らはテレビをつけ、それを見ながら何時間も過ごすのだ。そんなことでは、彼らの意志がどれほど強いと言えるだろう。

いったん気づきが起きさえすれば、私たちは選べるようになる。もし常に私たちが気づきを持つことができたら、私たちは自分のお決まりのことを変え、反応を変え、そして自分の人生をそっくり変えることができるようになる。いったん気づきを得られれば、私たちは自由意志を取り戻す。そして自由意志を取り戻せば、いかなる瞬間にもほんとうの自分を思い出すことを選べるようになる。たとえ忘れたとしても、もし私たちに気づきがあれば、また再び思い出すことができるのだ。しかし、もし私たちに気づきがなければ、選択の余地はない。

気づくということは、あなた自身の人生に対して責任を持つということである。あなたには、世の中で起きていることに対しての責任はない。あなたはあなた自身に対して責任があるのだ。世界をこんなふうにしたのはあなたではない。世界は、あなたが生まれる前からすでにこんなふうだったのだ。あなたは、世界を救い、社会を変えるという一大使命を帯びてこの世に生まれてきたわけではないが、しかし間違いなくあなたには大きな、重要な使命がある。人生におけるあなたの真の使命とは、あなた自身を幸福にすることである。そして幸福になるためには、あなたが何を信じ、どのように自らを裁き、どのように自らを犠牲者にしているか見つめてみなければならない。あなたの幸福について完全に正直でありなさい。自分自身を好きになれないのに、みんなに「僕を見てごらん。人生の成功者だ。欲しいのものは何だって持っている。なんて幸せなんだろう」などと言って、偽りの幸福感を投影したりしてはならない。

すべては私たちのためにあるのだが、まず最初に私たちは目を開き、真実を守り、何がほんとうかを見つめる勇気を持つ必要がある。人間はあまりにも盲目だが、それは彼らが見たくないからなのだ。例を挙げてみよう。

ある若い女性が男性と出会い、たちまち彼に強い魅力を感じたとしよう。彼女のホルモンははちきれんばかりになり、ただその男性が欲しくてならなくなる。彼女のすべての女友達には、彼がどんな人物かが分かる。彼は麻薬をやっていて、無職であり、女性をひどく苦しめるようなすべての特徴が彼にはある。だが彼女が彼を見るとき、いったい何を見ているのだろう。彼女は自分が見たいものだけを見ているのだ。彼女は、彼のうちの、背が高く、ハンサムで、たくましく、魅力的なところだけを見ているのである。彼女はそういう男性のイメージを作りあげ、見たくないものを否定しようとする。彼女は自分に嘘をつくのである。彼女はその関係がうまく行くとほんとうに信じたいのだ。女友達は「でも彼は麻薬をやっていて、アル中で仕事もしていないのよ」と言う。彼女は「ええ、でも私の愛がきっと彼を変えていくわ」と言うのだ。

むろん、彼女の母親はその男をひどく嫌い、父親も同様だ。彼女の両親は彼女のことを心配する。なぜなら、彼らには娘がどうなっていくか分かるからだ。「彼はお前にとっていい男性じゃないよ」と彼らは言う。すると若い彼女はこう言うのだ。「私に指図するのね」彼女はホルモンに従うため、ママに反抗し、パパに反抗し、自らの選択を正当化しようとして自分自身に嘘をつく。「これは私の人生よ。自分がしたいようにして何がいけないの」と。一ヶ月後、その関係は彼女を現実へと引き戻す。真実が顔をのぞかせ、彼女は以前見ようとしなかったことのために男を責める。尊敬などなく、あるのはひどい虐待ばかりだ。が、今は彼女のプライドの方が重要である。ママとパパが正しいと分かった以上、どうしておめおめと家に戻れるだろう。それは彼らに満足感を与えるだけだろう。この女性が教訓を得るのに、どれだけ時間がかかるだろうか。彼女はどの程度自分を愛しているのだろうか。どこまで行けば彼女の自己虐待はやむのだろうか。

こういったすべての苦しみが生じるのは、原因が一目瞭然であるにもかかわらず、私たちがそれを見たがらないからである。私たちが誰かに出会ったとき、たとえその彼ができるだけ自分を良く見せようと努力し、偽りの仮面をかぶろうと、彼はそれによって愛の欠如、尊敬の念の欠如を露呈することを避けられはしない。なのに私たちはそれを見たがらないし、聞く耳も持たないのである。それだからこそ、昔の賢者がかつてこう言ったのである。「見ようとしない者以上にひどい盲人はいない。聞こうとしない者以上にひどい聾《ろう》者はいない。分かろうとしない者以上にひどい狂人はいない」

私たちは、実際、あまりにも盲目なので、その報いを受けることになるのだ。が、もし私たちが目を開き、人生をあるがままに見れば、多くの感情的な痛みを避けることができる。これは危険を冒さずにすむという意味ではない。生きているかぎり、危険を冒さざるをえないのだ。で、もし失敗したとしてもかまいはしない。大した問題ではない。学び続け、そして裁くことなしに前進するだけだ。

私たちは裁く必要などない。責めたり、または罪悪感を抱く必要もない。私たちはただ単に自らの真実を受け入れ、新たなるスタートを意図すればいいのだ。もし私たちが自分自身をありのままに見ることができれば、それは自己受容への――自己否定をやめることへの――第一歩である。いったん私たちが自分自身をただありのままに受け入れることができるようになると、その地点からあらゆるものが変化し始めることが可能になるのだ。

◇

あらゆる人には価値があり、人生はその価値を尊重する。が、その価値はお金やゴールドでは計れない。それは愛で計られる。それにも増して、それは自己愛で計られるのだ。どれだけあなたがあなた自身を愛しているか、その度合いにあなたの価値はかかっており、そして人生はその価値を尊重するのである。あなたが自分自身を愛しているとき、あなたの価値はとても高く、それはあなたの自己虐待の容赦度合いがとても低いことを意味する。それがとても低いのは、あなたが自分を尊重しているからである。あなたはありのままの自分が好きであり、そしてこれはあなたの価値をより高いものにする。もしあなたがいろいろな点で自分のことを気に入らないとしたら、その分だけあなたの価値は低くなる。

時々、自分と付き合うために心を麻痺させなければならなくなるほど、自己批判が激しくなることがある。もしある人が嫌いなら、あなたはその人から遠ざかることができる。もしあるグループの人々が気に入らないなら、あなたは彼らから離れることができる。だが、もしあなたが自分自身を嫌いでも、どこへ行こうとそれはあなたと一緒なのだ。自分自身と一緒にいることを避けるためには、何か心を麻痺させるもの、心をあなた自身から引き離すためのものが必要になる。多分、アルコールが助けになるかもしれない。多分、ドラッグも助けになるだろう。もしかしたら食べることも――ただ食べて、食べて、食べることが。自己虐待はもっとひどいものにだってなり得る。深い自己嫌悪を感じる人々がいるのだ。彼らは自己破壊的で、徐々に自殺へと向かう。なぜなら、ひと思いに自殺する勇気がないからである。

自己破壊的な人々を観察していると、あなたは彼らが似たような人々を引き寄せることが分かるだろう。自分のことが嫌いだと、私たちは何をするだろう。苦しみを忘れるためにアルコールで麻痺しようとするのである。それは私たちの口実である。では、どこでアルコールを手に入れようとするだろうか。バーに飲みに入る。では、そこにはどんな人がいるだろう。私たちとちょうど同じように、自分自身から逃げ、心を麻痺させようとしている人々である。私たちは共に心を麻痺させ、自分たちの苦しみについて愚痴を言い始め、お互いにとてもよく理解し合うのである。私たちはそれを楽しいとすら思い始める。私たちがお互いに完璧に理解し合うのは、同じ周波数で振動しているからである。共に自己破壊的になっていく。かくしてあなたは私を傷つけ、私はあなたを傷つける――この上なく完璧な地獄の関係が結ばれるのだ。

では、あなたが変わると何が起こるだろうか。理由はなんであれ、あなたはもはやアルコールを必要としていない。今は自分自身と一緒にいても大丈夫だし、今では心からそれを楽しんでいる。あなたはもはや飲まないのだが、しかし友人たちは前と同じで、みんな飲んでいる。彼らは無感覚になり、機嫌がよくなるのだが、しかし今やあなたは、はっきりと彼らの幸せが本物ではないことが分かっている。彼らが幸福と呼んでいるものは、彼ら自身の感情的苦痛に対する反抗なのだ。その幸福の中では、彼らはあまりにも傷ついているので、他の人を傷つけ、自分を傷つけることを楽しみとするようになるのだ。

もはやあなたの居場所はなく、彼らもまた、あなたがもう彼らのようではないので、あなたを恨んだりする。「おい、もう僕とは飲みたくないし、僕とでは気分良くなれないから、見捨てるっていうのかい」

こうなったらあなたは選択をしなければならない。元に戻ることもできるし、あるいは違うレベルの周波数に向かい、あなたのように最終的に自分自身を受け入れている人々に会うこともできる。あなたは、これまでとは違う現実の領域、新しい関係の仕方があることを見出し、もはやどんな虐待を受け入れることもなくなるのである。

第八章　セックス——地獄最大の悪魔

もし人間をこの宇宙の創造物から取り除くことができたら、全創造物——星、月、植物、動物などあらゆるもの——は、ただそのままの状態で完璧であることが分かるだろう。生命は、正当化される必要も、裁かれる必要もないのだ。それは、私たち人間がいなくてもそのままであり続けるのである。もしそれらの創造物に人間を加え、ただし裁く能力を奪ったら、人間も自然物とまったく同様だということが分かるだろう。私たちは、良くもないし悪くもなく、正しくもないし間違ってもいない。私たちはただ私たちなのだ。

「地球の夢」の中では、あらゆるものを裁く必要性がある——すべてを善か悪かに区別し、正しいか間違いかに決める必要があるのだ。あらゆるものは、それ以上でも以下でもないというのに。人間は多くの知識を蓄える。諸々の信念、道徳、そして規則といったものを家族、社会、宗教から学ぶ。そして私たち自身の振る舞い方、感情のほとんどはその知識に基づいているのだ。私たちは天使と悪魔を創り出し、そしてもちろんセックスは地獄最大の悪魔となる。人間の身体はセックスをするようにできているというのに、セックスは人間にとって最大の罪になるのだ。

あなたは生物学的、性的な存在である。ただ単にそういうものなのだ。あなたの体はとても賢い。すべての知性は遺伝子の中に、DNAの中に備わっている。DNAはすべてを理解したり、正当化する必要がない。ただ知っているのだ。問題はセックスにあるのではない。問題は、何一つ正当化する必要もないときに、私たちが知識や自分の判断基準を操作しようとすることにある。セックスというものを素直に事実として認め、それをただあるがままに受け入れることは、心にとって非常に困難なのだ。私たちは、セックスはどうあるべきか、人間関係はいかにあるべきかについての一まとまりの信念を抱いており、しかもこれらの信念は完全に歪んでいるのである。

地獄では性的な出会いに対して高い代償を払うことになるのだが、本能があまりにも強いため、私たちはいずれにせよそうせざるをえなくなる。そうして私たちはそのことに対してありとあらゆる罪悪感を持ち、恥しさを感じる。そしてセックスにまつわるたくさんのゴシップを耳にする。「あの女が何をしているか見てごらんなさいよ。まあいやだ、あの男を見てよ」

私たちは女性とはどういうものか、男性とはどういうものか、女性は性的にどう振る舞うべきか、男性はどう性的に振る舞うべきか等々のすべてについての定義を持っている。

それに基づいて私たちは判断し、だから例えば、男は常にマッチョすぎるか頼りなさすぎるかであり、女は常に痩せすぎか太りすぎなのだ。私たちは、女性が美しくあるためにはどうあるべきかについての多くの思い込みを持っている。あなたはまさにそれにふさわしい服を買い、ふさわしいイメージを創りあげなければならない。そうすればあなたは魅力的で、そのイメージにぴったりになれるのだ。もしあなたがその美しさのイメージにぴったりでなかったら、成長するにつれて、自分が無価値で、誰も好きになってくれないだろうと思い込むようになるのだ。

私たちはセックスについてあまりにも多くの嘘を信じ込んでいるので、セックスを楽しむことができない。セックスは動物のためのものだ。セックスは忌むべきものだ。私たちは性的な感情を抱くことを恥じなくてはならない。これらのルールは完全に自然な本能に逆らっているうえに、ただの夢にすぎないのだが、私たちは信じてしまう。あなたの真の本性が出てくるとすれば、それはそういったどのルールとも合わない。あなたは有罪である。あなたはあなたのあるべき姿に反している。あなたは裁かれる。犠牲者となるのだ。あなたは自らを罰するのだが、それは公正ではない。これは、後に感情の毒で化膿してしまう傷となる。

心はこうしたゲームに加わるのだが、体は心が何を信じようと気にかけない。体はただ性的欲求を感じるだけだ。人生のある特定の時期になると、私たちはいやおうなしに性的魅力を感じるようになる。それはまったく正常なことだし、何の問題もない。興奮させられるとき、触られるとき、視覚的に刺激されるとき、セックスの可能性を感じるとき、体は性的なものを感じる。体は性的なものを感じることができるが、しかし数分後には感じなくなったりする。刺激がやめば、体はセックスの欲求を感じなくなるのだ。

が、心は別である。仮にあなたが結婚しているのだが、カトリックとして育てられてきたとしよう。あなたはセックスがどうあるべきかについてのカトリックとしての考え――何が良くて何が悪いのか、何が正しくて何が間違っているのか、何が罪悪で、何が受け入れられるのか、等々についての考え――を持っている。で、セックスを許されたものとするためには契約書にサインしなくてはならない。契約書にサインしなければ、セックスは罪悪となるのだ。あなたは貞節を誓うのだが、ある日あなたが通りを歩いていると、一人の男性があなたの前を横切る。あなたは彼に強い魅力を感じる――体が魅力を感じるのだ。問題はない。あなたはなにか具体的なことをするわけではないが、しかしその感覚を避けることはできない。なぜなら、それはまったく正常なことだからだ。刺激がなくなれば体はその感覚を手放すが、しかし心は体が感じることを正当化する必要があるのだ。

心は知っている。で、まさにそれが問題なのだ。心は知っている、ということはあなたが知っているということなのだが、ではいったい何を知っているのだろうか。あなたは、あなたが信じ込んでいることを知っているのだ。それが良いか悪いか、正しいか間違っているか、適切か不適切かは問題ではない。問題は、あなたがこれこれのことは悪いことだと信じるよう育てられ、すぐにそのとおりに判断を下すようになることにある。かくして、痛ましいドラマと葛藤が始まる。

さて、後になってあなたはまた例の男性のことを思い、そして彼のことを思うだけで再びホルモンが沸き立ち始める。心に焼き付いた強い記憶のせいで、まるであなたの体は再び彼を見ているかのようになる。体が反応するのは、心がそのことを思いめぐらすからである。もし心が体を放っておくなら、その反応は、まるで何ごともなかったかのように消えてしまうであろう。しかし心はそれを覚えており、それが許されないことだと知っているため、あなたは自分自身を裁き始めるのである。

心はこれは許されないことだと言い張り、感じることを抑えようとする。あなたが心を抑圧しようとするとき、何が起こるだろう。かえってあなたの思いはつのるのだ。そこであなたがその男性を見かけると、たとえそれが異なった状況であっても、あなたの体は前よりいっそう強く反応するのである。もしもあなたが最初の出会いのときに裁きを手放していたら、二度目に彼に会ったとき、多分なんの反応も示さなかったかもしれないのだ。

さて、彼を目の前にしてあなたは性的感情を抱き、それらの感情を裁きながらこう考える。「ああ、神さま、これは許されないことです。私はふしだらな女です」あなたは罰せられなければならない。あなたは罪人であり、真っ逆さまに転落していく。すべては頭の中で起こっているだけで、実際には何も悪いことはしていないのに。

もしかしたらその男性はあなたがいることすら気づいていないかもしれないのだが、あなたはいろいろと想像し始め、思い込みをし、そして彼をよりいっそう求め始めるのだ。きっかけが何であれ、あなたはその男性に会い、彼に話しかける。あなたにとってはすばらしいできごとだ。心はその虜になる。とても魅力的だ。しかしあなたは恐れている。やがてあなたは彼と愛を交わす。それはこの上なくすばらしいことであると同時に最悪のことでもある。今度こそあなたはほんとうに罰せられなければならなくなるから。「道徳心《モラル》より性欲を優先させるなんて、私はなんという女なんでしょう」

心がどんなゲームをしでかすか、まったく見当がつかない。あなたは傷つくのだが、しかし自分の感情を否定しようとする。感情的な苦痛を免れるため、あなたは自分の取った行動を正当化しようとする。「そうよ、夫だって同じことをしているかもしれないのだから」

あなたはさらに強く魅力に惹き付けられるのだが、しかしそれは体のせいではない。心がゲームを始めたせいなのだ。同時に恐怖があなたに取り憑く。性的魅力に対してあなたが抱くあらゆる恐怖が蓄積されていくのだ。あなたがこの男性と愛を交わすとき、あなたはすばらしい体験をするが、それは彼がすばらしかったからでも、セックスがすばらしかったからでもない。あなたがすべての緊張、すべての恐怖から解放されたからである。それを再び味わうため、それは彼のおかげだと思い込むというゲームを心は続けるのだが、それはほんとうではないのだ。

ドラマは展開し続けるが、それは単なる心のゲーム以外の何ものでもない。現実《リアル》ですらないのである。それは愛でもない。なぜなら、この種の関係はとても破壊的なものになるからだ。それは自己破壊的である。なぜなら、あなたは自分自身を傷つけているからである。そして、もっとも傷つくのはあなたの信念である。問題はあなたの信念が正しいか間違っているか、良いか悪いかではなく、あなたが自分の信念に背いていることが問題なのである。信念に背くことは私たちの望むところなのだが、しかしそれは「霊的戦士《スピリチュアル・ウォリアー》」の道でのことであって、「犠牲者」の道でのことではない。そしてあなたはその経験を、地獄から抜け出すためではなく、さらに地獄の奥深くへ行くためにに利用するようになるのだ。

◇

あなたの心と体の欲求はまったく違っているのだが、しかしあなたの体は心に支配されているのである。あなたの体にはどうしても満たさなければならない欲求がある。食物や水、住まいや睡眠、セックスへの欲求を満たさなくてはならないのだ。これらすべての体の欲求はまったく正常なものであるし、またこれらの欲求を満たすのはとても容易である。問題は、心がこれらを私の欲求だと主張することにある。

シャボン玉のような内心のこの錯覚の中で私たちは全体図を描き上げ、かくして心はあらゆるものへの責任を負おうとするのだ。心は、自分には食物や水、住まいや衣服、セックスへの欲求があると思い込む。しかし、心にはなんの肉体的欲求もない。心には食物も、酸素も、水も、セックスもまったく必要ではないのだ。では、どうしたらこれがほんとうだと分かるのだろう。あなたの心が「食べなければ」と訴えるとあなたは食べ、体はそれで満足するのだが、しかし心はもっと食べる必要があると考える。そこであなたは食べに食べるのであるが、しかし食べることで心を満足させることはできない。なぜなら、その欲求は本物《リアル》ではないからである。

衣服を身にまとおうとする欲求もまた一例である。もちろんあなたの体を何かで覆うことは必要である。なぜなら、風が刺すように冷たかったり、日差しが強すぎたりするからだ。しかし、その必要があるのはあなたの体であり、その欲求を満たすのはいとも容易なことである。が、その欲求が心の中にあると、どんなにたくさん衣服を持っていても、心は依然として衣服を欲しがる。タンスを開けると衣服がぎっしり詰まっている――それでもあなたの心は満足しないのだ。そんなとき何と言うだろう。「私、着る物がなにもないのよ」

あなたの心は別の車、別の休暇、友人を迎えるためのゲストハウスを欲しがる――あなたが決して満たすことのできないこれらすべての欲求は心の中にあるのだ。セックスについても同じことが言える。欲求が心の中にあるとき、あなたはそれを満足させることはできない。欲求が心の中にあるとき、すべての裁き、すべての知識もまたそこにある。それがセックスをとても扱いにくいものにするのだ。心はセックスを必要としていない。心がほんとうに必要としているのは愛であって、セックスではない。愛を必要としているのは、心以上にあなたの魂である。なぜなら、心はまた恐怖と共に生き永らえることができるからだ。恐怖もまたエネルギーであり、そしてそれは心にとっての食べ物となる――厳密に言えばあなたが望む食べ物ではないのだが、しかし役を果たすのだ。

私たちは心という独裁者から自由を奪い返し、体にそれを戻してあげなければならない。もし私たちが心の中で食べ物への欲求、セックスへの欲求をもはや抱かなくなれば、すべてはとても容易になる。まず第一歩は欲求というものを二種類に分けることである――体の欲求と、心の欲求とに。

心がそれ自身の欲求と体の欲求とを混同するのは、心が「私とは何か」を知る必要があるからである。私たちはこの錯覚の世界に生きているので、自分とは何なのか見当もつかず、そこで心はこういったすべての疑問を生み出すのだ。「私とは何か」は最大の謎となり、それに対するどんな答えも、もし安心したいという欲求を満たしてくれるなら、心はそれを受け入れてしまうのである。心は言う。「私は体だ。見ている者、それは私だ。考えている者、それは私だ。感じている者、それは私だ。私が傷つき、私が血を流しているのだ」

心と体はあまりにも密着しているため、心は「私は体だ」と信じ込むのだ。体に欲求が生じると、心が「必要としているのは私だ」と言う。体についてのあらゆることを心は個人的に受け取る。なぜなら、「私とは何か」を理解したいからだ。だから、ある時点から心が体を支配するようになるのは、ごく自然の成り行きなのである。そしてあなたは、あなたの心を揺さぶり、「自分とは何ではないか」を見ざるをえなくさせる何かが起こるまで、なんの疑いもなく人生を歩んでいくのである。

あなたが自分とは何でないかを見始め、あなたの心が自分は体ではないということを自覚するとき、気づきが目覚め始める。あなたの心は言う。「では、いったい私とは何なのだろう。私は手なのだろうか。もし私が手を切断したとしても、私は依然として私だ。それなら、私は手ではない」あなたが自分ではないものを取り除いていったとき、とうとう最後に残る唯一のものが「ほんとうのあなた」である。それは、心が自らのアイデンティティを見出すまでの長いプロセスである。そのプロセスの中で、あなたは自分の個人的な物語、あなたを安心させてくれるものを手放していき、ついに自分とはほんとうは何であるのかを理解するのだ。

あなたは、「これが自分だ」と信じ込んでいたものはほんとうのあなたではないということに気づく。なぜなら、あなたがあなたの信念を選んだわけでは決してないからだ。あなたの信念は、あなたが生まれたときにはもうそこにあったのだ。あなたはまた、自分が体ではないということにも気がつく。なぜならあなたは、あなたの肉体なしに機能し始めるからだ。あなたはさらに、自分が夢でもなく、心でもないということに気づき始める。さらに深いところまで行ってみると、あなたは自分が魂でもないということに気づくだろう。そこであなたが発見するものは、とても信じがたいものだ。あなたは自分が〈力《フォース》〉であることを突きとめるのだ。あなたの体が生きることを可能にする力、あなたの心全体が夢を見ることを可能にする力である。

この〈力《フォース》〉なしでは、あなたの体は床の上に崩れ落ちてしまうだろう。それなしでは、あなたのすべての夢は無の中に消え去ってしまうだろう。ほんとうのあなたとは実はその〈力《フォース》〉であり、そしてそれは〈生命《いのち》〉なのだ。もしあなたがそばにいる人の目を覗き込めば、気づきの炎、〈生命《いのち》〉の現れ、が彼の目の中に輝いているのが分かるだろう。〈生命《いのち》〉は肉体ではない。それは心でもなく、魂でもない。それは〈力《フォース》〉なのだ。この力によって、生まれたばかりの赤ん坊は子供になり、十代の若者になり、大人になっていくのだ。それは子を産み、そして老いていく。〈生命《いのち》〉が肉体を離れるとき、肉体は分解し、塵に還る。

あなたは、あなたの肉体を貫き、あなたの心を貫き、あなたの魂を貫いている〈生命《いのち》〉なのだ。いったんこの〈生命《いのち》〉を、論理によってでも、知性によってでもなく、実感によって把握すると、あなたは自分が、花を開かせたり閉じたりさせ、ハチドリを花から花へと飛び移らせたりしている〈力《フォース》〉に他ならないことに気づく。あなたは、自分があらゆる木の中に、あらゆる動物、植物、岩の中にいることに気づくのだ。ほんとうのあなたは、風を動かし、呼吸によってあなたの体を出入りするあの〈力《フォース》〉なのである。全宇宙はその力によって動かされている生きた存在であり、そしてほんとうのあなたはそれと一体なのである。あなたは〈生命〉なのだ。

第九章　狩猟の女神

ギリシャ神話に狩猟の女神、アルテミスの話がある。アルテミスは究極の狩人だった。なぜなら、彼女の狩りの仕方には努力というものがなかったからだ。彼女はいとも簡単に自らの欲求を満たし、森と完璧な調和のうちに暮らしていた。森の中のすべての生き物はアルテミスを愛し、彼女に狩られることは名誉だった。

アルテミスはどのようなときでも狩りをしているようには見えなかった。彼女の必要とするものは何でも向こうから彼女の方へやって来たのだ。それゆえ彼女はもっとも優れた狩人だったが、しかしそれは同時に彼女をもっとも狩られにくい獲物にした。彼女の動物としての姿は、狩られることがほとんど不可能な魔法の鹿だった。

アルテミスは完全な調和のうちに森に住んでいた。ある日、ある国の王がヘラクレスに命令を下すまでは。ヘラクレスはゼウスの息子で、自らの卓越性をずっと探求していた。王の命令は、アルテミスの魔法の鹿を狩ってみよ、というものだった。ゼウスの息子で無敵のヘラクレスがそれを拒むはずはなかった。彼はその鹿を狩るために森へと出かけていった。その鹿はヘラクレスを見たが、少しも恐れなかった。彼女はヘラクレスが近づくままにさせていたが、ヘラクレスがいざ捕らえようとするとすばやく逃げ去った。アルテミスより優れた狩人になる以外、ヘラクレスにこの鹿を狩る術はなかった。

ヘラクレスは、神々の使者でもっとも足の速いヘルメスを呼び寄せ、翼を借りた。それでヘラクレスはヘルメスと同じくらい足が速くなり、そしてすぐにもっとも価値のある獲物がヘラクレスのものとなった。アルテミスがどんな反応をしたか想像がつくだろう。ヘラクレスに狩られてしまった彼女は、むろんヘラクレスに仕返しをしようと思った。彼女はヘラクレスを狩りたいと思い、彼を捕らえるためにあらゆる手を尽くしたのだが、今やヘラクレスの方がもっとも狩られにくい獲物となっていた。ヘラクレスは自由自在に動き回り、彼女がどんなにがんばっても彼を捕らえることはできなかった。

アルテミスは少しもヘラクレスを必要としていたわけではない。彼女は彼をわがものにしたいという強く願ったのだが、しかしもちろんそれはただの思い違いだった。彼女はヘラクレスに恋してしまったのだと信じ、なんとかして彼を自分のものにしたいと望んだ。彼女の心にはただひとつ、ヘラクレスを手に入れることしかなかった。アルテミスはその思いに取り憑かれ、とうとう幸福など感じなくなった。アルテミスは変わり始めた。彼女はもう森との調和のうちにはいなかった。なぜなら、今や彼女は単に獲物を手に入れる楽しみのためだけに狩りをしていたからである。アルテミスは自ら自分自身のルールを破り、略奪者となったのである。獣たちは怯《おび》え、森は彼女を拒み始めたが、しかしアルテミスは気にもとめなかった。彼女には真実が見えなくなっていたのだ。彼女の頭の中にはヘラクレスのことしかなくなっていたからである。

ヘラクレスにはしなければならないたくさんの仕事があったが、時々アルテミスに会うために森に行くようにした。彼がやって来る度に、アルテミスは彼を捕らえようとあらゆる手を尽くした。ヘラクレスがやって来たとき、彼女は彼と共にいることをとても幸せに感じたが、ヘラクレスが帰ってしまうことも彼女には分かっていた。彼女は嫉妬し、所有欲にかられた。ヘラクレスが帰ってしまうたびに、彼女は苦しみ泣いた。彼女はヘラクレスを憎んだが、しかしまた愛してもいた。

ヘラクレスにはアルテミスの心の内で何が起きているのか知るよしもなかった。彼女が彼を自分のものにしようとしていることに気がつかなかったのである。彼にしてみれば、自分は決して獲物などではなかった。ヘラクレスはアルテミスを愛し、尊敬してもいたが、しかしそれは彼女が望んでいることではなかった。アルテミスは彼を所有したかったのだ。彼女は彼を狩り、略奪者となりたかったのである。もちろん、本人を除く森の中のあらゆる者が彼女の変わり様に気がついていた。彼女だけが自分をいまだに狩猟の女神だと思っていた。彼女は自分が堕落したことに気づいてはいなかった。彼女は、楽園だった森が地獄と化したことに気づいていなかった。というのも、彼女が堕落してしまうと、他の狩人までがことごとく彼女と共に堕落し、略奪者となってしまったからである。

ある日のこと、ヘルメスは動物の姿を借りて現れ、アルテミスがまさにヘルメスを打ち殺そうとしたそのとき、ヘルメスは神に姿を変えた。彼女はそれを見て、失っていた智恵を再び取り戻したのだった。

ヘルメスは彼女に堕落していたことを気づかせたのだ。そのことに気づいたアルテミスはヘラクレスのところへ行き、許しを乞うた。彼女を堕落へと向かわせたのは、彼女自身の個人的な重要性以外のなにものでもなかった。ヘラクレスと話しているうちに、彼女は自分が一度も彼の気分を害したことはなかったことに気がついた。なぜなら、彼には彼女の心の中で何が起きていたか知るよしもなかったからである。

彼女はあらためて森を見回した。そして自分が森に対していったい何をしてしまったのか分かったのだった。彼女は森のすべての花々、すべての動物たちに謝り、やがてついに愛を取り戻した。こうして再びアルテミスは狩猟の女神となったのである。

◇

私がこの物語をしたのは、私たちの誰もがこの狩人であり、かつ獲物であることをあなたに知ってもらいたいからだ。存在するすべてのものは狩人であり、かつ獲物なのだ。私たちは何のために狩りをするのだろう。自分の欲求を満たすために狩りをするのだ。体の欲求と心の欲求についてはすでに述べた。心が自分は体であると信じているとき、その欲求は錯覚にすぎず、満たされることはない。実際のものではない欲求を満たすために狩りをするとき、私たちは略奪者となる——ほんとうは必要のないものを得ようとして狩りをしているのだ。

人は愛の狩人となる。私たちが愛が必要だと感じるのは、自分には愛がないと思い込んでおり、自分自身を愛していないからだ。私たちは自分とよく似た人から愛を得ようとして狩りをする。彼らもまた私たちと同じような状態にあるというのに、その彼らから愛が得られると期待するのだ。彼らもまた自分自身を愛していないというのに、彼らからいったいどれほどの愛が得られるというのだろう。私たちはただ、より強い欲求を生み出すだけなのである。そうしてひたすら狩りを続けるのだが、狩り場を間違えているのだ。なぜなら、他の誰も私たちが必要とする愛など持ってはいないからである。

アルテミスは、自らの堕落に気がついたとき、我《われ》に返った。なぜなら、彼女の必要とするすべてのものは彼女自身の内側にあったからである。このことは私たち全員に言えることだ。なぜなら私たちはみんな、堕落し罪をあがなう前のアルテミスと同様だからである。私たちは愛を求めて狩りをする。私たちは正義と幸福を求めて狩りをする。私たちは神を求めて狩りをする。しかし、神は私たちの内側に存在するのである。

◇

魔法の鹿の狩りの話は、あなたがあなた自身の内側で狩りをしなければならないことを教えている。これは覚えておくに足るすばらしい話である。アルテミスの物語を思い出すたびに、あなたは常に自分の内側に愛を見出そうとするだろう。二人の人間が愛を求めてお互いに狩りをしかけても、どちらも決して満たされることはないだろう――決して相手の中に自分が必要としている愛を見出すことはないだろうから。どんなに心がそう願っても、私たちはそれを満足させることはできない。なぜなら、それは相手の中にはないからだ。それは決してそこには存在しないのである。

私たちが狩らなければならない愛は私たちの内側にある。しかし、その愛はとても捕らえにくい獲物である。あなた自身の内側で狩りをし、あなた自身の内側からその愛を手に入れるのはとても難しいのだ。あなたはとても素早く――ヘルメスのように素早く――なければならない。なぜなら、あなたの目を目標から逸《そ》らすことができるあらゆるものが待ち構えているからだ。あなたの注意を引きつけるあらゆるものが、あなたが目標にたどりつくのを妨げ、あなたの内なる愛という獲物を手に入れるのを妨げるのだ。しかし、もしあなたがその獲物を捕らえることができれば、あなたの愛は力強く育ち、あなたの欲求のすべてを満たすことができるようになるということが分かるはずだ。これこそはあなたの幸福にとってとても大切なことなのだ。

普通、人間は狩人として関係を結ぶ。お互いに相手の中に自分が必要としているものを見つけだすことを願いつつ、必要だと思うものを探し求める——結局は、そこにはないということを思い知るために。しかしあなたがこのような必要性なしに関係を結ぶなら、話は違ってくる。

どのようにして自分の内側で狩りをしたらいいのだろう。あなたの内側にある愛をつかまえるためには、あなたは狩人と獲物としてのあなた自身を受け入れなければならない。あなた自身の心の中には狩人がおり、また獲物もいるのだ。誰が狩人で、誰が獲物なのだろう。普通の人々の場合は「寄生体」が狩人である。寄生体はあなたのことを知り尽くしており、そして寄生体が食べたがるのは恐怖から生じる様々な感情なのだ。寄生体はゴミ食い虫なのである。恐れや痛ましいドラマが大好きなのだ。怒りや嫉妬、羨望などが好きでたまらない。あなたを苦しめるどんな感情も大好物なのだ。また、寄生体は仕返しをし、コントロールをしたがる。

寄生体としてのあなたの自己虐待癖は、常にあなたを狩り場にし、四六時中獲物であるあなたを追いかけまわしている。こうして私たちはいとも簡単に寄生体の獲物になってしまうのである。寄生体とは自己虐待の例えである。それは狩人以上のものだ。略奪者であり、あなたを生《なま》のまま食べているのだ。獲物は感情体で、それは私たちの中のあの苦しみ続けている部分である。救いを求めているのは私たちのその部分である。

ギリシャ神話の中にはまた、鎖で岩につながれたプロメテウスの物語がある。日中は、一羽の鷲がやって来て彼の内臓をついばむ。夜になると彼は回復する。しかし、毎日鷲はやって来て彼の内臓をついばむのだ。これはいったい何を意味しているのだろう。プロメテウスは、目覚めているときは肉体と感情体を持っている。鷲とは、感情体という内臓を食う寄生体のことである。夜の間は感情体を持たないので、プロメテウスは回復するのだ。ヘラクレスがやって来て彼を解放してやるまで、プロメテウスは何度も生まれ変わって鷲の餌食となるのだ。ヘラクレスは、苦しみの鎖を断ち切り、あなたに自由を与えてくれるキリストや仏陀あるいはモーゼのようだ。

あなた自身の内側で狩りをするには、あなたはまず、自分のあらゆる反応を相手に狩りをし始めなければならない。一度にひとつずつあなたの決まりごとを変えていくのだ。それはあなたの人生をコントロールしている夢から自由になるための戦いである。真実をはさんでの、あなたと略奪者との戦いなのだ。カナダからアルゼンチンまで、西洋のすべての伝統では、私たちは自分のことを戦士と呼ぶ。なぜなら、戦士とは自らを相手として狩りをする狩人だからである。これは大いなる戦いである。なぜなら、これは寄生体を相手とする戦いだからだ。戦士となったからといって戦いに常に勝つとはかぎらないが、しかしあなたは少なくとも抵抗し、そして生《なま》のまま寄生体に食われることだけはもはや許さなくなるのだ。

狩人となることがまず第一歩である。ヘラクレスがアルテミスを求めて森へ入っていったとき、彼にはその鹿を捕らえる術がなかった。そこで彼は偉大なる師、ヘルメスの許を訪ね、より優れた狩人になる術を学んだ。アルテミスを捕らえるためには、彼女より優れた狩人にならなければならなかったのだ。あなた自身を相手に狩りをするためには、あなたもまた寄生体より優れた狩人になる必要がある。もしも寄生体が二十四時間活動しているなら、あなたもまた二十四時間活動し続けなくてはならない。寄生体には強みがある。あなたのことを知り尽くしているということだ。寄生体の目を避けることはできない。寄生体はもっとも捕らえにくい獲物である。なぜならそれは、あなた自身の中のあの部分―

―人前では自分の行動を正当化しようとするが、しかしひとりきりになると最悪の裁判官となる部分――だからである。それは四六時中あなたを裁き、責め、あなたに罪の意識を抱かせようとしている。

地獄での普通の人間関係では、あなたのパートナーの寄生体はあなた自身の寄生体と手を組んで、ほんとうのあなたに刃向かう。あなたは、あなた自身の寄生体だけでなく、あなたの苦しみを永らえさせようとしてあなたの寄生体と手を組んだ、パートナーの寄生体をも相手にしなければならないのだ。が、もしあなたがこのことを知っていれば、事態を変えることができる。あなたはパートナーにもっと思いやりを持ち、彼女が自分の寄生体に対処するようにさせることができる。そしてパートナーが自由に向かって一歩一歩進んで行くたびに、それをわが事のように喜ぶことができるのである。パートナーが動揺したり、悲しんだり、嫉妬したりしても、その瞬間そうしているのはあなたが愛している人の本当の部分ではないのだと気づく余裕を持てるのである。あなたのパートナーに取り憑いているのは寄生体なのだから。

寄生体がそこにいるということを知り、パートナーの内側で何が起きているかを知ることで、あなたはパートナーに彼女の寄生体に対処するための余裕を与えることができる。あなたは二人の関係のうちのあなたという半分にしか責任がなく、したがってあなたは彼女の個人的な夢には彼女自身が対処してもらうようにすることができるのだ。こうして、パートナーがしていることをあなた自身に関わることとして個人的に受け取らないことが容易になり、そしてこれは大いに二人の関係のためになるだろう。なぜなら、パートナーは彼女自身のゴミを相手にしているのであって、もしそれをあなたが自分に関わることとして個人的に受け取らなければ、パートナーとすばらしい関係を持つことがとても容易になっていくだろうから。

第十章　愛の目で見るということ

あなたの体を調べてみれば、あなたに頼っている何十億もの生き物がいることがわかるだろう。あなたの体内のすべての細胞はあなたを頼りにしている生き物なのである。あなたにはそのすべてに対する責任がある。あなたの細胞であるこれらすべての生き物にとって、あなたは神なのだ。あなたは彼らに必要なものを供給できる。あなたはそれらすべての生き物を愛することもできるし、またはそれらにむごい仕打ちをすることもできるのだ。あなたの体内の細胞はあなたに完全に忠実である。調和の中であなたのために働いているのだ。あなたに祈りを捧げているとすら言える。あなたは彼らの神である。このことは絶対的な真実である。さて、あなたはこの知識をもって何をするだろうか。

森全体がアルテミスと完全な調和のうちにあったということを思い出してほしい。アルテミスが堕落したとき、森全体に対する尊敬の気持ちを失った。気づきを取り戻したとき、彼女は花から花へと「ごめんなさい。これからまたあなたの世話をするわ」と言ってまわった。そしてアルテミスと森の関係は再び愛の関係となった。

森の全部があなたの体である。もしこの真実をただ認めさえするならば、あなたはあなたの体にこう言うだろう。「ごめんなさい。もう一度あなたの世話をするわ」と。すると、あなたとあなたの体、あなたとあなたを頼りにしているそれらすべての生きた細胞との関係はもっとも美しいものとなることができる。ちょうど犬が私たちとの関係のうちの犬という半分においてパーフェクトであるように、あなたの体とそれらすべての生きた細胞たちは彼らの占める半分においてパーフェクトである。もう一方の半分はあなたの心である。体は関係のうちのその半分の面倒を見るのだが、しかし心は体を虐待し、酷使し、むごい仕打ちをしようとする。

愛犬や愛猫をあなたがどう扱うか思い出してほしい。もしあなたがペットを扱うのと同じようにあなたの体に接することができれば、それが愛の問題なのだということが分かるだろう。あなたの体はあなたの心からすべての愛を受けようとしているのに、あなたの心はこう言うのだ。「嫌だ、体のこの部分が気に入らないんだ。この鼻を見てよ、こんな鼻いやだ。耳ときたら、大きすぎるし、体は太りすぎだし、足は短かすぎる」心は体についてありとあらゆる想像をすることができるのだ。

あなたの体はそのままの状態で完璧であるのに、心は何が正しく、何が間違っているか、何が善く、何が悪いか、何が美しく、何が醜いか等々についての観念を持っている。これらは単なる観念にすぎないにもかかわらず、心はそれらを信じ込むのだ。これこそが問題なのだ。私たちは完璧さのイメージを心に思い描き、それを基に自分の体がある特定の外見をし、動きをすることを期待する。体のほうは完全に私たちに忠実だというのに、心は自分の体を拒むのだ。体力には限度があり、そのため体が何かをできないときでさえ、心は体に無理をさせようとし、体は少なくともやろうとするのである。

あなたが自分の体をどうしようとしているか見てほしい。もしあなたが自分の体を拒んだら、相手はあなたから何を期待できるだろうか。もしあなたが自分の体を受け入れることができたら、あなたはほとんどあらゆる人、ほとんどあらゆることを受け入れることができる。人間関係の技《アート》にとって、それは非常に大切なポイントなのだ。あなたが自分自身と結ぶ関係が、あなたの相手との関係に反映されるからである。あなたがあなた自身の体を拒むとき、パートナーと愛を分かち合っているときにあなたは内気になる。こんなふうに思うからだ。「私の体を見てよ。こんな体をしていたら、どうして彼が私を愛せるというの」こうしてあなたはあなた自身を拒み、相手もまたあなたが拒んでいるのと同じもののためにあなたを拒むだろうと思い込むのだ。また、あなたが誰か他の人を拒むときも、あなたが自分の中で拒んでいるのと同じもののためにその人を拒むのである。

あなたをまっすぐに天国に連れていくような関係を築くためには、完全に自分の体を受け入れなければならない。あなたは自分の体を愛し、内気になることなく、ただあるがままでいる自由、与える自由、受け取る自由を許してあげなければならない。なぜなら、「内気」とは恐れに他ならないからだ。

あなたがどのように愛犬に接するか想像してほしい。あなたは愛の目で犬を見、そしてその美しさを楽しむ。あなたにとって、犬が傍目《はため》に美しいか醜いかはまったく問題ではない。あなたの愛犬はただ美しく、そしてうっとりさせる。なぜなら、その美は所有の対象ではないからだ。美醜の区別は、私たちが覚える単なる観念にすぎないのだ。

あなたは亀や蛙を醜いと思うだろうか。蛙を見れば、蛙は美しい。実にあでやかだ。亀を見れば、亀も美しい。存在するものすべてが美しいのだ——すべてが。しかし、あなたは思う。「まあ、あれって醜いわ」なぜなら、誰かがあなたに何が醜く、何が美しいかを信じ込ませたからだ。ちょうど誰かがあなたに何が善で何が悪かを信じ込ませたように。

美しいか醜いか、背が高いか低いか、痩せているか太っているかどうかの区別にはなんの意味もない。あでやかかどうかの区別にも意味はない。あなたが人混みの中を歩いているとき、誰かに「きれいな方ですね」と言われたら、あなたは「ありがとう」とさりげなく言って、歩き続けることができる。それはあなたの中に何の変化も引き起こさない。しかし、もしあなたが自分は美しいと信じていないときに、誰かがあなたにそう言ったとしたら、それはあなたの中に変化を引き起こすだろう。あなたはこう言うのだ。「ほんとうにそうかしら」　通行人の意見はあなたを動かし、そしてもちろん、あなたはいともたやすくその餌食にされてしまう。

この意見はあなたが自分に必要だと思っているものなのだ。なぜなら、あなたは自分は美しくないと信じているからだ。魔法のキッチンの話を覚えているだろうか。あなたの手元に必要な食べ物がすべて揃っているとき、誰かが食べ物をあげるからあなたを支配させてくれと頼んだら、あなたは「いいえ、結構です」と言うだろう。

もしあなたが美しくなりたいと願っているのに、自分が美しくないと信じ込んでいるとき、誰かが「もしあなたが私の言うことを聞いてくれさえすれば、私はいつでもあなたにとてもお美しいと言ってさしあげます」と言ったとしたら、あなたはこう言うだろう。「ええ、ありがとう。お願い、私は美しいって言って」　あなたにはその意見が必要だと思っているので、そんなふうになるのを許してしまうのだ。

大切なのはこれら他の人々からの意見ではなく、あなた自身の意見なのだ。あなたは、あなたの心が何と言おうと、美しい。これは事実である。あなたは何もしなくていいのだ。なぜなら、あなたにはすでに必要な美しさが備わっているからだ。美しくなるために誰かに義務を負う必要など、あなたにはないのだ。他人が何を見たがろうと、それは彼らの勝手である。他人があなたを見て、美しいかどうかを判断したとしても、もしあなた自身が自分の美しさに気づき、それを受け入れていれば、彼らの意見は少しもあなたに影響を与えないのである。

もしかするとあなたは自分には魅力がないと信じながら大きくなり、他の人の美しさを羨《うらや》むようになるかもしれない。すると、その羨望を正当化しようとして、自分にこう言い聞かせるのだ。「美しくなんてなりたくもない」あなたは美しくなることを恐れさえするかもしれない。この恐怖は多くの方向から来る可能性があり、人によってまちまちであるが、しかししばしばそれは自分の力についての恐れである。美しい女性は男性に対して力を持つだけでなく、女性に対しても同様である。あなたほど美しくない女性たちは、あなたが男性の注意を引きつけるのであなたを妬《ねた》むかもしれない。あなたが特別な服装をしたために男たちがみんなあなたに夢中になったとしたら、女性たちはあなたのことをどう言うだろう。「まあ、なんてふしだらなんでしょう」あなたは他の人々があなたに下すこういったすべての判定を怖れるようになる。これらもまた、感情体の傷口を広げる観念、偽りの信念以外のなにものでもない。そこでまた、もちろん私たちはこれらの傷を嘘や拒絶のシステムで覆わなくてはならなくなるのである。

羨望もまた、気づきによって簡単に打破できる信念である。あなたは他の女性あるいは男性たちの羨望にどう対処したらいいかを覚えることができる。なぜなら、ほんとうはあなた方一人ひとりが美しいのだから。ある人の美しさと別の人の美しさとの唯一の違いは、人々が抱いている美しさの観念の違いなのだ。

美しさとは、観念以外のなにものでもなく、信念以外のなにものでもないのだが、あなたはその美しさの観念を信じ込み、あなたのすべての力をその美しさの観念に基づかせることができる。が、やがて時が経ち、あなたは自分が年を取ってきたことを知る。多分、あなたの観点から見て、あなたは以前ほど美しくはなくなっている。そこへ若い女性がやって来る。今、彼女は美しい。それを見てあなたは、美しさこそ力であると信じている必要があると考える。なぜなら私たちは、力を保つためには整形手術を受ける必要があるということが私たちを傷つけ始める。「ああ神さま、私の美しさが去っていきます。私が前ほど魅力的でなくなっても、彼は私を愛してくれるでしょうか。今、彼は私よりもっと魅力的な若い女性に出会えるんですもの」

私たちは年を取ることに抵抗する。年を取ることは美しくなくなることだというふうに信じ込んでいるからだ。この信念はまったくの間違いである。生まれたての赤ん坊は美しい。だが、老人もまた美しいのだ。問題は、何かを見たときにそれを美醜に区別しようとする感情が私たちの心の中にあることだ。私たちは自分自身の幸福を限定し、自らを自己否定へと追いやり、そして他人をも拒絶する、ありとあらゆる判断、ありとあらゆるプログラムを抱え込んでいる。自分がどんなドラマを演じているか、ありとあらゆる信念によっていかに自分自身を挫折へと導いているかが分かるだろうか。

年を取るということは、成長することが美しいのとちょうど同じように美しいことなのだ。私たちは子供からティーンエージャーに、そして若い女性または男性へと成長する。それは美しいことである。老女あるいは老人になることもまた美しいことなのだ。一生のうちには、子供を産むために性的に非常に活発になる時期がある。それらの年月の間、私たちは性的に魅力的になりたいと願うかもしれない。なぜなら、本能が私たちにそうさせるからだ。その後、生殖の観点からは、私たちは性的に魅力的でなくてもよくなる。しかし、それは私たちが美しくなくなるという意味ではない。

あなたは、これが自分だと信じるところのものである。ありのままのあなたであること以外、何もすることはないのだ。あなたには自分を美しいと感じ、それを楽しむ権利がある。自分の体を誇りに思い、そのままの状態で受け入れていいのだ。あなたを愛してくれる人など少しも必要ではない。愛は内側から来る。それは私たちの内側で生きていて、常にそこにある。しかし、あの濃い霧の壁のせいで、それを感じることができないでいるのだ。あなたの内側に生きている美しさを感じるとき、あなたは初めてあなたの外側にある美しさを知覚することができるのである。

あなたは、何が美しく何が醜いかについての信念を持っている。で、もしあなたが自分自身のことが嫌いなら、あなたの信念を変えさえすればいい。そうすればあなたの人生も変わるだろう。これは簡単そうに聞こえるが、しかし容易ではない。誰であれ信念をコントロールする者は夢をコントロールする。夢見手が究極的に夢をコントロールするとき、その夢は最高のアートとなり得るのだ。

◇

あなたは毎日の活動を自分の体へのプージャから始めることができる。インドでは、人々はプージャ、すなわち女神や神々のための儀式を執り行う。プージャでは、偶像に向かってお辞儀をし、花々を供え、すべての愛を込めて食べ物を捧げる。なぜなら、それらの偶像は神の象徴だからである。そのように、あなたは自分の体に毎日献身的な愛を捧げることができる。シャワーを浴びるとき、入浴するとき、あなたの愛のすべてをもって接し、丁重に、感謝の気持ち、敬意を込めてあなたの体を扱いなさい。食事をするとき、ひと口ごとに目を閉じ、その味わいを楽しみなさい。その食べ物はあなた自身の体、神が宿り給う神殿への供物なのだ。これを毎日行いなさい。そうすればあなたは、自分の体への愛が日増しに強くなっていくことを感じ、二度と再び自分を拒絶しようなどとはしなくなるだろう。

あなたが自分自身の体を崇める日が来たとき、自分がどんなふうに感じるか想像してみてほしい。あなたがあなた自身を完全に受け入れるとき、あなたはあなたの体としっくりいき、とても幸福になっていくことだろう。すると、他の人との関係でも、あなたの自己虐待の程度はほぼゼロとなる。これこそが自己愛である。これは自分を個人的に重要視することではない。なぜならあなたは、他者に対しても、自分自身に対するのと同じ愛、同じ丁重さ、同じ尊敬の念、そして同じ感謝の気持ちで接するからである。このような関係がいかに完璧か分かるだろうか。それは、お互いの内なる神を崇めることなのである。

あなたが自分自身と肉体との間の完璧な関係を築くことを目標とするとき、あなたは母親や友達、恋人や子供たち、さらにはあなたの愛犬をも含む、まわりのあらゆる人々や生き物との完璧な関係を持つことを学んでいるのだ。あなたが自分の肉体と完璧な関係を結ぶとき、その瞬間、あなたとあなたの外部とのどんな関係においても、あなたの占める半分は完全に満たされる。あなたはもはや、良い関係を結ぶために外部に頼らなくなるのだ。

あなたが自分の体に対するプージャの仕方、献身的な尽くし方を知り、それから恋人の体に触れるとき、あなたは自分の体に対するのと同じ献身と愛、敬意と感謝をもって恋人の体に触れているのである。そしてあなたの恋人があなたの体に触れるとき、すべては完全に開かれており、そこにはなんの恐れも、なんの要求もなく、ただ愛だけがある。

　このように愛を分かちあうことにどんな可能性が秘められているか、想像してみてほしい。触れあう必要すらないのだ。ただお互いの目を見つめあうだけで、心の欲求を満たし、魂の欲求を満たすのに十分なのである。肉体はすでに満ち足りている。なぜなら、あなたの愛をたっぷり受けているからだ。あなたはもう決して孤独ではない。なぜなら、あなた自身の愛で満たされているからだ。

　あなたがどこに目を向けようと、あなたは愛に満たされるであろう。しかし、それは他人からのものではない。一本の木を見れば、あなたはその木からあなたに向かって注がれる愛のすべてを感じることができる。空を見上げれば、空は愛を求めるあなたの心を完全に満たしてくれる。あなたはいたるところに神を見るだろう。それはもはや理屈などではない。神はいたるところにいて、生命はいたるところにあるのだ。

　すべては愛で、すべては生命で造られている。恐怖さえも愛の反映なのだ。しかし、恐怖は心の内に、そして人間の内に存在し、心を支配する。そうして私たちは心に抱くものに従ってすべてを解釈するのだ。もし私たちが恐怖を抱いているなら、私たちが知覚するものは恐怖に従って解釈されるだろう。もし私たちが怒りを抱いていたら、私たちが知覚するものは怒りに従って解釈されるだろう。私たちの感情は、それを通して私たちが周囲の世界を見る、フィルターのような役割を果たしているのだ。

あなたの目は、あなたが感じているものの表現であると言えるだろう。あなたは、外側の夢を、感情に染まったあなたの目に従って知覚する。あなたが怒っているとき、あなたは世界を怒りの目で見るのだ。もし嫉妬の目を持っていたら、それに従ってあなたの反応は違ったものになるだろう。なぜなら、そのときにはあなたが見る世界は嫉妬に染まるからだ。もし狂気の目を持っていたら、何もかもがあなたを悩ますだろう。もしあなたが悲しみの目を持っていたら、あなたは泣きだすだろう。雨が降っているから、音がうるさいから等々、いろいろな理由にかこつけて。雨は雨である。そこにはなんら裁くべきことも解釈すべきこともない。ただあなたが自分の感情体を通して雨を見ているだけなのだ。あなたが悲しければ、あなたは悲しみの目で見、そしてあなたが知覚するあらゆるものが悲しいものになるのである。

しかし、もしあなたが愛の目を持っていたら、どこへ行こうとあなたはただ愛を見る。木々は愛でできている。動物たちは愛でできている。水は愛でできている。あなたが愛の目で知覚するとき、あなたは自分の意志を他の夢見手の意志と結合させることができ、夢はひとつになる。あなたが愛でもって知覚するとき、あなたは小鳥たちと、自然と、人と、あらゆるものとひとつになる。するとあなたは鷲の目でものを見、そしていかなる種類の生命にも変容することができるようになるのだ。あなたは愛によって鷲と結合し、あなたはその翼となる。あるいは雨となり、雲となる。だが、そうするためには、あなたは自分の心から恐怖をきれいに洗い落とし、愛の目で知覚しなければならない。あなたの意志が他の意志と結ばれ、ついにひとつになるほど強くなるまで、あなたの意志を発達させなければならない。するとあなたは飛ぶための翼を持つのだ。または風になって、ここへかしこへと吹き渡り、雲を追い払って、太陽の顔を覗かせることができる。これこそが愛の持つ力なのだ。

私たちが心と体の欲求を完全に満たしていると、私たちは愛の目でものごとを見る。私たちはいたるところに神を見る。他の人々の「寄生体」の背後にすら神を見るようになる。あらゆる人の内面に、モーゼが彼の民に約束した「約束の地」はある。あの約束の地は人間の心の域内にあるのだが、しかしそれは愛に満たされた心の中にのみある。なぜなら、そこにこそ神は住まうだからだ。もしあなたが普通の人間の心の中を見てみれば、それもまた肥沃《ひよく》な土地である。しかしそこは、嫉妬、羨望、怒り、恐怖の種子を育てる寄生体にとって肥沃なのである。

キリスト教の教えでは、大天使ガブリエルが降りてきて復活の時を告げ知らせるトランペットを吹き鳴らすと、永遠の命を生きるために誰もが墓から出てくるという。その墓とは寄生体のことであり、復活とは生命への帰還のことである。なぜならあなたは、あなたの目が生命すなわち愛を見ることができるときのみほんとうに生きるからである。

あなたは、あなたの天国の夢を実現する関係を築くことができる。あなたは楽園を築くことができるのだが、しかしそれにはまずあなた自身から始めなければならない。まず初めにあなたの体を完全に受容しなさい。次に寄生体を狩り、降伏させなさい。そうすれば心はあなたの体を愛し、もはやあなたの愛を妨げたりはしなくなるだろう。それはあなた次第であって、他の誰次第でもない。しかし、まず最初にあなたは自分の感情体の癒し方を覚えなければならない。

第十一章　心の癒し

もう一度、私たちが皮膚病にかかっていて、傷口が化膿していると想像してみよう。で、皮膚を治したいと思って医者のところに行くと、医者はメスを使って傷を切開するだろう。それから医者は傷口を消毒し、薬を塗り、傷が癒えて痛みがなくなるまで、傷口を清潔に保つようにするだろう。

感情体を癒すためには、それと同じようにしなければならない。傷口を開き、消毒し、ある種の薬を施し、傷が癒えるまで清潔に保つ必要があるのだ。では、どのようにして傷口を開いたらいいのだろう。心の傷口を切開するためには、メスの代わりに真実を使うのだ。二千年前、もっとも偉大なマスターの一人が私たちに言った。「もし汝が真実を知れば、真実こそが汝を自由にするであろう」

真実はメスのようである。なぜなら、心の傷口を切開し、すべての嘘を白日にさらすことは痛みを伴うからである。私たちの感情体の傷は、傷を守ろうとして私たちが作り出した嘘のシステム、拒絶のシステムによって覆われている。私たちが自分の傷を真実の目で見るとき、私たちはついにこれらの傷を癒すことができるのである。

まずあなた自身に真実を実践することから始めよう。あなたが自分に対して真実であるとき、あなたは物事を、自分が見たいようにではなく、そのあるがままに見始める。では感情的こだわりにとらわれる例として、レイプの場合を取り上げてみよう。

十年前、誰かがあなたをレイプしたとしよう。あなたがレイプされたというのは事実である。しかし、たった今は、それはすでに事実ではなくなっている。それは夢だったのだ。夢の中で誰かがあなたを暴力で虐待したのだ。あなたがそれを求めたのでは毛頭ない。それはなんら個人的なことではなかったのだ。なぜそれがあなたの身に降りかかったかわからないが、しかしそれは誰の身にも起こりうることだったのだ。だが、レイプされたことで、あなたは自分を咎め、その後の人生をずっと性的なことで苦しみ続けるのだろうか。レイプ犯はあなたを咎め、あなたにそうし続けろなどと言ったりしなかったのだ。犠牲者のあなたが、もし自分を裁き、罪の意識を持ったら、いったいどれほどの年月の間、あなたはこの世界でもっとも美しいもののひとつを楽しまないことによって、自分を罰し続けるつもりなるのだろうか。

時として、レイプ体験はその後のあなたの性意識をずたずたにし続ける。いったい正義はどこにあるのか。あなたはレイプ犯ではない。なのになぜ、自分がしたことではないことのためにその後の人生を苦しみ続けなくてはならないのか。レイプされたのはあなたのせいではないのに、心の中の裁判官はあなたを苦しませ、何年もの間恥辱のうちに暮らさせることができるのだ。

　むろんこの不当な出来事は感情の裂傷と、何年にもわたるセラピーを受けてやっと放出できるほど大量の感情の毒を生み出す。あなたがレイプされたことはほんとうであるが、だからと言ってあなたが今もその経験で苦しまなければならないというのは、もはやほんとうではない。それは選択の問題なのだ。

　たった今、この瞬間には、あなたに傷を負わせた不当な出来事はもはやほんとうではないことに気づくこと――それが真実をメスとして用いる第一歩である。あなたはその出来事がこんなにも自分を傷つけたと信じ込んでいるが、それは多分決してほんとうではなかったということをあなたは発見するのだ。たとえそれがほんとうだったとしても、しかし今、それがほんとうであることにはならない。真実を用いることによってあなたは傷を切開し、そしてその不当な出来事を新たな視点から見るのである。

　この世界では真実は相対的である。真実は絶えず変化し続けている。なぜなら、私たちは錯覚の世界に住んでいるからである。たった今は真実であることも、後になると真実ではなくなる。それからまた真実となることもあるのだ。地獄での真実は、あなたにとって不利に用いられかねないもうひとつの嘘になり得る。私たち自身の否定のシステムはあまりにもパワフルで強力なため、複雑怪奇なものになるのだ。嘘を覆い隠す真実があるかと思えば、真実を覆い隠す嘘がある。タマネギの皮を剥くように真実を少しずつ明るみに出していくと、とうとうあなたの目に、あなた自身だけでなく、あなたの周囲のあらゆる人がみんな絶えず嘘をついているという事実がはっきり見えてくるのである

　この錯覚の世界のほぼあらゆるものは嘘である。私が初心者たちに、何が真実かを見極めるために三つのルールに従うよう求めるのはこのためである。まずルール一は、私を信じるなである。私を信じる必要はない。自分で考え、選択すればいいのだ。私の言うことに従ってもしあなたが信じたいことがあれば、それを信じればいい。ただしそれがあなたにとって納得がいき、あなたを幸せにする場合にのみ。もしそれがあなたを覚醒へと導くなら、それを信じることを選べばいい。私には、自分が語ることへの責任はあるが、しかしあなたが理解することへの責任はない。私たちはまったく違う夢の中で生きている。私の言うことは、たとえ私にとっては絶対に真実であっても、必ずしもあなたにとって真実であるとはかぎらない。ルール一はごく簡単である——私を信じるな。

　ルール二はそれよりは難しい。あなた自身を信じるなである。あなたが自分につくすべての嘘——決して自分が信じることを選んだわけではないが、しかし信じるようプログラ

ムされたすべての嘘——を信じてはならない。あなたが自分は十分に優秀ではない、十分に強くはない、十分に知的ではないと言うとき、あなた自身を信じてはならない。あなた自身の自己限定や限界を信じてはならない。自分は幸福や愛に値しないなどと信じてはならない。自分は美しくはないなどと信じてはならない。何であれ、あなたを苦しめるものを信じてはならない。自作自演のドラマを信じてはならない。あなた自身の「裁判官」またはあなた自身の「犠牲者」を信じてはならない。あなたがなんて愚かであるかささやき、また自殺するようささやく、あなたの「内なる声」を信じてはならない。それを信じてはならない。なぜなら、それは真実ではないからだ。耳を澄まし、心を開いて聞きなさい。あなたのハートがあなたを幸福へと導いているのが聞こえたら、それを選び、それに固執しなさい。

だが、自分のことを信じろとあなたが言ったからといって、あなた自身を信じてはならない。なぜなら、あなたが信じていることの八十パーセントは嘘だからである。真実ではないのだ。ルール二はいささか難しい——あなた自身を信じるな。

ルール三は、他の誰も信じるなである。他人を信じてはならない。なぜなら彼らは、いずれにせよ絶えず嘘をついているからである。あなたの感情的な傷がもうなくなり、あなたがただ自分を受け入れてもらうだけのために他人を信じる必要がなくなったとき、あなたにはすべてがよりはっきりと見えてくるだろう。あなたにはそれが白か黒か、何がほんとうで何がほんとうではないかが見えてくる。たった今は正しいことが、多分、数瞬後には正しくなくなるかもしれない。たった今は正しくないことが、多分、数瞬後には正しくなるかもしれない。すべては非常に素早く変わり続けている。だが、もしあなたに気づきがあれば、あなたにはその変化が見える。

他人を信じてはならない。なぜなら、彼らはあなたの愚かさにつけ込んであなたの心を操ろうとするからだ。自分はプレアデス星から地球を救うためにやって来たなどと言う人は、誰ひとり信じてはならない。どうぞお構いなく！　世界を救うためにやって来る人など、私たちは必要としない。私たちを救うために宇宙からやって来る異星人《エイリアン》など、この世界は必要としないのだ。世界は生きている。それは生きものであり、私たち全員を合わせたよりももっと優れた知性を持っている。

もし私たちが世界は救われる必要があると信じたら、すぐに誰かがやって来てこう言うだろう。「さあ、彗星が接近している。この星から逃げ出す必要がある。自ら命を絶ちなさい。ドカーン。そうすればあなたは彗星にまたがって、天国に行けるだろう」こういった神話を信じてはならない。あなた自身が自分の天国の夢を創り出すのだ。誰もあなたの代わりにそれを創り出すことはできない。あなたの常識以外のいかなるものも、あなたをあなた自身の幸福、あなた自身の創造へと導くことはない。ルール三は難しい。なぜなら、私たちには他の人々を信じる必要があるのだが、このルールはそれに逆行するからである。他の誰も信じるな。

私を信じず、あなた自身を信じず、そして他の誰も信じてはならない。信じないことによって、何であれ真実ではないものは、この錯覚の世界の中で煙のように消えていくだろう。あらゆるものは、それ以上でも以下でもない。真実を正当化する必要はない。それについて説明する必要もない。真実は誰の支持も必要としないのだ。これに対して、あなたの嘘はあなたの支持を必要とする。ひとつ嘘をつくと、その初めの嘘を支持するために別の嘘をつかなければならなくなり、その別の嘘を支持するためにさらに別の嘘をつかなければならなくなる。そしてそれらの嘘を支持するため、さらに多くの嘘をつかなければならなくなるのだ。こうしてあなたは嘘でできた巨大な構造物を築き上げる。そして真実が顔を出すと、それはがらがらと崩れ落ちる。それ以上でも以下でもなく、ただそういうものなのである。

私たちが信じている嘘のほとんどは、私たちが信じるのをやめると簡単に消散してしまう。何であれ真実でないものは猜疑に負けてしまうが、真実は常に不信を切り抜ける。信じようが信じまいが、真実は真実なのだ。あなたの体は原子でできている。それを信じる必要などない。信じようが信じまいが、それは事実である。宇宙は星でできている。信じようが信じまいが、これは事実である。真実であるものだけが生き残るのだ。それはまた、あなたが自分自身について持っている観念にも言える。

私たちが子供だったときは、何を信じるべきか、何を信ぜざるべきかを選ぶ機会が私たちにはなかったということを前に述べた。が、今は違う。大人になった今は、私たちには選択する力がある。信じることもできれば、信じないこともできる。たとえ何かが真実ではないとしても、もし私たちがそれを信じることを選べば、ただ単に信じたいが故にそれを信じることができる。あなたは、どのように人生を送りたいかを選ぶことができる。で、もしあなたが自分に正直にすれば、常にあなたには新たな選択をする自由があるということを知るだろう。

私たちが真実の目で見ようとするとき、私たちは嘘のいくつかを暴き、傷口を開くことになる。傷口の中には、しかしまだ毒が残っているのだ。

◇

いったん傷口を開けたら、傷口からすべての毒をきれいに取り除かなければならない。

どのようにしてそうしたらいいのか。二千年前、「もし汝が真実を知れば、真実こそが汝を自由にするであろう」と語ったあの同じマスターが、私たちに解決策を与えてくださった。「許し」である。傷口からすべての毒をきれいに取り除くには、許す以外にやりようはないのだ。

あなたのことを傷つけた者たちをあなたは許さなくてはならない。たとえ彼らのしたことがあなたの心の中では許し難いものに思われても。あなたが彼らを許すのは、彼らがあなたの許しに値するからではなく、彼らがあなたにしたことを思い出すたびに苦しみ、自分を傷つけたくはないからだ。他人があなたに何をしたかは問題ではない。あなたが彼らを許すのは、自分が絶えずいやな気分でいたくはないからである。許すのは、あなた自身の心を癒すためである。あなた自身への慈しみを感じるが故に、あなたは許すのだ。許しとは、自己愛の行為なのである。

仮にあなたが離婚した一人の女性だとしてみよう。結婚後十年経ったある日、理由はともかく、あるひどく不当な出来事のことで夫と大喧嘩をし、それが元であなたは離婚する。以来あなたは、別れた夫を心底から憎んでいる。彼の名前を聞いただけで胃がひりひりと痛み、吐き気を催す。感情の毒があまりにも強くなり、もうそれ以上耐えられなくなる。あなたは助けが必要である。そこでセラピストのところへ行き、こう言うのだ。「私はひどく苦しんでいます。怒り、嫉妬、妬みでいっぱいです。彼のしたことはとうてい許せません。あんな男は大嫌いです」

セラピストはあなたを見てこう言う。「感情を吐き出す必要があります。あなたは怒りを表現する必要があるのです。あなたがしなくてはならないことは思いっきり怒りを爆発させることです。枕を押さえ、それに噛みつき、それをたたいて、怒りを吐き出してみなさい」そこであなたは帰宅し、いまだかつてなかったほど怒りを爆発させ、それらすべての感情を吐き出す。それはほんとうに効果があるように思われる。で、あなたはセラピストに百ドル払ってから、こう言うのだ。「ほんとうにありがとうございました。だいぶ気分がよくなりました」そして最後にあなたはにっこりと笑みを浮かべる。

あなたがセラピストのオフィスを出ると、車を運転している男の顔が目に入ってくる。別れた夫である。彼を目にしたとたん、また同じ怒りがこみ上げてくる。だが今度のはもっとひどい。あなたは再びセラピストのところへ飛んでいって、もう一度怒りを爆発させるために、もう一度百ドル支払わなければならない。このように感情を吐き出すことは一時的な解決策にしかならないのである。それはいくらかの毒を放出し、しばらくの間気分よくさせる役には立つかもしれないが、傷そのものを癒してはくれないのだ。

あなたの傷を癒すための唯一の方法は許しによるものである。不当な行為をしたことに対して、別れた夫を許さなければならないのだ。当人に会ってももはや何も感じなくなったとき、あなたはその人を許したのだと分かるだろう。その人の名前を耳にしても、あなたはなんの感情的反応も示さなくなる。あなたが傷に触れてもなんの痛みも感じなければ、ほんとうに許したということが分かるのだ。むろん傷跡は残るが、それはあたかもあなたの皮膚の上のかさぶたのようなものである。起こったこと、当時自分がどんなふうであったかは忘れないだろうが、しかしいったん傷が癒されたら、それはもうそれ以上あなたを苦しめはしないであろう。

もしかすると、あなたはこう思っているかもしれない。「私たちは許すべきだ、と言うのは簡単だ。そう心がけてみたけれど、私にはできない」自分がなぜ許すことができないかについて、いろいろな理由、いろいろな言い分があるだろう。しかしそれらは真実ではない。実は、あなたが許すことができないのは、あなたが許さないことを覚え、許さないよう自分を習慣づけ、そして許さないことを修得《マスター》したからなのである。

私たちが子供だったころには、許しがごく自然だった時期があった。心の病にかかる以前は、努力なしに自然に許すことができたのだ。仲間をほとんどすぐに許すことが常だった。一緒に遊んでいる二人の子供が喧嘩し、殴りあいを始める。子供たちは泣きだし、母親のもとへと走る。「ねえ、あの子が私のことをぶったの」母親のひとりはもう一方の母親に話をしに行き、母親同士の大喧嘩が始まる。ところが子供たちの方は、五分も経たないうちに、まるで何ごともなかったかのようにまた一緒に遊んでいる。母親たちの方は、その後ずっといがみあいを続けるかもしれないというのに。

許しは、学び覚えるべきものではない。なぜなら、私たちには生まれつき許す能力が備わっているからである。では、何が起こったのだろうか。私たちは逆の振る舞い方を学び、反対の行為へと自分を習慣づけてきたので、今では許すことがとても困難になっているのである。誰であろうと、私たちに何かしたらそれまでであり、その人は私たちの人生から締め出されてしまう。それはプライドの戦いとなるのだ。なぜだろう。なぜなら、許さないでいれば、私たちの個人的な重要性が増すからである。私たちが「彼女が何をしようと彼女を許したりしないわ。だって彼女がしたことは許しがたいことなのよ」などと口にすることができるとき、それは私たちの意見をより重要なものにするのだ。

真の問題は私たちのプライドである。プライドがあるばかりに、名誉心があるばかりに、到底許すことができないと自分に何度も言い聞かせるため、私たちは不当な出来事への怒りの火に油を注いでしまうのだ。では、それによっていったい誰が感情の毒を蓄積させていくのだろう。私たち自身だ——私たち自身が周囲の人々がするあらゆることで感情の毒を蓄積させ、苦しむようになるのだ。たとえ彼らが私たちの怒りとはなんの関係もなくても。

同様に私たちは、自分を不当に扱った相手をただ罰するだけのために苦しむことを覚える。注目されたいばかりに癇癪を起こす小さな子供のように振る舞うのだ。私は、ただこう言いたいばかりに自分を傷つけてしまうのだ。「君のおかげで僕がどんな目にあっているかわかるかい」冗談のようだが、まさにこれこそが私たちがしていることなのだ。私たちがほんとうに言いたいことは「神さま、どうかお許しください」なのだが、しかし神さまがやって来て、まず私たちが許しを乞うよう求めるまで、私たちは何も言おうとしない。私たちは両親に対し、友人たちに対し、またパートナーに対し、なぜそこまで自分が逆上するのか、訳が分からないことが何度もある。私たちが逆上し、もし相手が何らかの理由で許しを求めてきたら、私たちはたちまち泣き出してこう言うのだ。「いいえ、私こそごめんね」

だから心の中を覗いて、その隅っこで癇癪を起こしている小さな子供を見つけだしなさい。プライドをつまみ出してゴミ箱に捨てなさい。そんなものは不必要だ。個人的重要性を手放し、許しを乞いなさい。他人を許しなさい。そうすればあなたの人生に奇跡が起こり始めることが分かるだろう。

まず、あなたが許しを乞う必要があると思う人たち全員のリストを作りなさい。その後、彼らに許しを求めるのだ。たとえみんなに連絡するだけの時間がなかったとしても、あなたの祈りの中で、あるいはあなたの夢を通じて、彼らの許しを乞いなさい。次に、あなたを傷つけたすべての人々や物、あなたが許す必要のあるあらゆる人々や物のリストを作りなさい。あなたの両親から始めて、兄弟や姉妹、あなたの子供たち、あなたの配偶者、友人たち、恋人、愛猫、愛犬、あなたの国の政府、そして神に至るまでの。

さてあなたは、誰かがあなたに何をしたとしても、それはあなたとは無関係だったのだと知ることによって、他の人々を許すのだ。誰もが独自の夢を見ているのだということを覚えているだろうか。あなたを傷つけた言葉や行為は、単にその人の心の中にいる悪魔への反応にすぎないのだ。彼女は地獄の中で夢を見ているのであり、あなたは彼女の夢の中では脇役である。誰が何をしようと、それはあなたのせいではない。いったんこのことに気づき、それを個人的に受け取らなければ、慈しみと理解があなたを許しへと導くだろう。

許すことを心がけ始めなさい。許すことを実践し始めなさい。初めはとても難しいかもしれないが、しかしやがてそれは単に習慣となる。許しを回復させる唯一の方法は、もう一度実践することである。何度も何度も実践しなさい。そうすればあなたは、ついにあなた自身を許すことができるようになることが分かるだろう。ある時点で、あなたは独自の夢の中で自分に対して生み出してきたすべての傷、すべての毒のことで、自分を許さなければならないことに気づくだろう。あなたが自分を許すとき、自己受容が始まり、自己愛が育まれ始める。それこそが究極の許しなのだ――あなたがついに自分自身を許すことこそが。

そして力強く許しの道へと踏み出し、あなたがこれまで自分の人生でしてきたあらゆることについて自分自身を許しなさい。もしあなたが自分の過去生を信じているなら、それら過去生で自分がしたと思われるあらゆることについて自分自身を許しなさい。カルマの観念は、それが真実だと私たちが信じるときにのみ真実となる。善悪の別を信じているが故に、私たちは自分が悪と信じていることをしたとき、それを恥じるのである。罪の観念を信じているが故に、罪の意識を覚えたとき、私たちは自分が罰を受けて当然だと信じ、そして自らを罰するのだ。

仮に私たちが、自分が創り出すものはあまりにも汚れているので、清めなければならないという信念を持つとする。すると、まさにあなたがそう信じるが故に、「汝の信念はかなえられる」であろう。それはあなたにとって現実のものとなるのだ。あなたはあなたのカルマを生み出し、そしてその代償を払わなければならなくなる。それほどあなたの信念は強力だということである。古いカルマを解消することは容易である。それを信じることを拒否することによってその古いカルマへのあなたの信念を止めさえすれば、それは消え去るだろう。そのために苦しむことも、代償を払う必要もない。それでもう終わりとなるのだ。もしあなたが自分を許すことができれば、カルマはまさにそのようにして消え去るだろう。この時点から先、あなたは心機一転して再出発することができるのである。そうすれば人生は楽になる。なぜなら、許しこそは感情の傷をきれいにするための唯一の手段だからである。許しは、感情の傷を癒すための唯一の道なのである。

◇

いったん傷をきれいにしたら、癒しのプロセスをいっそう速める強力な薬を用いることにしよう。もちろんその薬も「もし汝が真実を知れば、真実こそが汝を自由にするであろう」と言った、あの同じ偉大なマスターから来る。それは愛である。愛こそ癒しのプロセスを速める薬なのだ。無条件の愛以外のいかなる薬もない。もし……ならば、私はあなたを愛します。もし……ならば、私は自分を愛する、ではないのだ。もしなどないのだ。正当化などいらない。説明もいらない。ただ単に愛するということだ。あなた自身を愛し、あなたの隣人を愛し、そしてあなたの敵を愛しなさい。これは単純で、常識ではあるが、しかし私たちが自分自身を愛するようになるまでは、他の誰のことも愛することはできない。私たちが自己愛から始めなければならないのはこのためである。

幸福を表現する仕方は数え切れないほどあるが、真に幸福になる道はたったひとつである。それは、自分を愛することである。他に道はない。あなた自身を愛していなければ、あなたは幸福にはなれないのだ。これは事実である。あなた自身を愛していなければ、あなたが幸せになる機会などひとつとして巡っては来ない。ないものを分かち合うことはできない。あなた自身を愛していなければ、あなたは他の誰のことも愛することはできないのだ。

だが、あなたは愛を必要とし、それを求めるだろう。そしてあなたのことを必要としている人がいる。すると、人はそれを愛と呼ぶのだ。しかしそれは愛ではない。それは所有欲であり、利己心であって、そこにあるのはなんの尊敬心もないコントロールである。自分に嘘をつかないこと。それは愛ではないのだから。

あなたの中からあふれ出る愛こそ、幸福への唯一の道である。あなた自身を無条件に愛すること。自分自身への愛を完全に受け容れること。あなたはもはや自分の人生に逆らわない。もはや自分自身を拒絶しない。もはや自分を非難したり、罪悪感にかられたりしない。あなたはただ自分をありのままに受け入れ、そして他のあらゆる人々のこともありのままに受け入れる。あなたには、愛する権利、微笑み、幸福になり、愛を分かち合い、また恐れずに誰かの愛を受け取る権利があるのだ。

◇

癒しには三つの単純な要素がある。真実、許し、そして自己愛である。これら三つの要素があれば、全世界は癒され、そしてもはや精神病院などではなくなるだろう。

心の癒しへのこれら三つの鍵はイエスから私たちに与えられたものだが、癒し方を説いたのは彼だけではなかった。仏陀も同じことをした。クリシュナも同じことをした。他の多くのマスターたちも同じ結論に達し、私たちに同じ教訓を与えた。日本からメキシコ、ペルー、エジプト、そしてギリシャまで、世界中いたるところに癒された人々がいた。彼らは病は人間の心の中にあることを知り、真実、許し、そして自己愛という三つの手段を用いたのである。もし私たちが自分の心の状態を病気と見なすことができれば、それは治療できるということが分かるはずだ。私たちはもうこれ以上苦しむ必要などない。もし私たちが自分の心が病気であり、感情体が傷ついていることに気づけば、私たちはそれを癒すことができるのである。

もしすべての人が自分自身に対して正直になり、あらゆる人を許し、そしてみんなを愛し始めることができたらどうなるだろう。もし人々がみんなこのようにし、愛するようになったら、彼らはもはや利己的になどならないだろう。彼らは素直に与え、そして受け取り、そしてもはやお互いに裁きあったりしなくなるだろう。噂しあったりすることはなくなり、感情の毒はすっかり消えてしまうだろう。

これは、今までとはまったく違う「地球の夢」の話である。現在の地球のこととは思えない。これこそイエスが「地上の天国」と呼び、仏陀が「涅槃」と呼び、そしてモーゼが「約束の地」と呼んだものである。それは、私たちみんなが愛の中に生きることのできる場所のことである。なぜなら、私たちがもっぱら愛に注意を注ぐからである。愛することを選ぶのだ。

あなたが新しい夢のことをどう呼ぼうと、それは地獄の夢と同じくらいほんとうか、あるいは偽りである。だが、今、どちらの夢の中で生きたいか選ぶことができる。今、あなたはあなた自身を癒すための道具を手にしたのだ。問題は、それであなたが何をするか、である。

第十二章　あなたの内なる神

あなたは、自分の心で遊び、体をお気に入りの玩具《おもちゃ》のように使って楽しむ〈力《フォース》〉である。遊び、楽しむこと。それこそが、あなたがこの世にいる理由である。私たちは、幸福になる権利、人生を楽しむ権利を持って生まれてきた。私たちは苦しむためにこの世にいるのではない。苦しみたい者が苦しむのは自由だが、しかし私たちは苦しむ必要などないのだ。

では、なぜ私たちは苦しむのだろう。なぜなら、全世界が苦しんでいるので、苦しむことはあたりまえのことだと思い込んでいるせいである。そこで私たちは、その「真実」を支持するための信念のシステムを作り上げるのだ。宗教は、私たちは苦しむためにこの世に生まれ、人生とは涙の谷なのだと説く。今苦しみなさい。辛抱しなさい。そうすれば、死が訪れたとき、あなたはその報いを受けるであろう。聞こえは良いが、しかしそれは真実ではない。

私たちが苦しむことを選ぶのは、苦しむことを覚えたからである。もし同じ選択をし続ければ、私たちは苦しみ続けるだろう。地球の夢は、人類の進化、人間性についての物語を背負っており、そして苦しみはその進化の結果なのである。人間が苦しむのは、私たちが知るからなのだ。私たちは自分が信じることを知り、そのすべての嘘を知り、そしてそれらの嘘を実現することができないゆえに、私たちは苦しむのだ。

あなたが死後地獄あるいは天国に行くというのは真実ではない。あなたが地獄に生きるにしろ天国に生きるにしろ、それは今現在のことである。天国と地獄は、私たちの心のレベルにのみ存在する。もし私たちが今苦しんでいれば、死後もやはり苦しむ。なぜなら、心は脳と一緒に死にはしないからである。夢は続き、そしてもし私たちの夢が地獄のそれなら、脳が死んでも私たちはなお同じ地獄で夢を見続けることになるのだ。死んでいる状態と眠っている状態の唯一の違いは、眠っているときの私たちには脳があるため、目覚めることができるということである。死んでいるときの私たちには脳がないため、目覚めることができない。だが、夢はなおそこにあるのだ。

天国も地獄も、今、ここにある。死を待つ必要などない。もしあなたがあなた自身の人生、あなた自身の行動に責任を持つなら、未来はあなたの掌中にある。そして肉体が生きている間に、天国に生きることができるのだ。

この地上では、ほとんどの人間が紡ぎ出す夢は明らかに地獄そのものである。これは正しいか間違いか、あるいは良いか悪いかの問題ではなく、そのことで誰も責めることはできない。両親を責めることができるだろうか。できない。彼らが小さな子供だったあなたにプログラムを組み込んだとき、彼らにできる限りのことをしたのだ。彼らの親たちも彼らに同じことをした。最善を尽くしたのだ。もしあなたに子供がいたら、あなたもまた他にやりようがないであろう。どうしてあなた自身を責められるだろう。気づきを得るということは、誰かを責める必要がある、あるいは自分のしたことに対して罪悪感を持つということを意味するのではない。あまりにも感染率の高い心の病に対して、どうして罪悪感や非難する気持ちなど持てるだろう。

存在するすべては完璧なのだ。あなたはただそのままで完璧である。これは真実だ。あなたはマスターである。たとえあなたが怒りや嫉妬をマスターするとしても、あなたの怒りや嫉妬はそれなりに完璧なのだ。たとえあなたの人生に痛ましいドラマが起きているとしても、それはそれなりに完璧であり、美しい。あなたは「風とともに去りぬ」といった映画を観に行って、感激の涙を流すことができる。地獄は美しくないなどと誰に言えるだろう。地獄はあなたを刺激することができる。地獄ですら、完璧なのだ。なぜなら、完璧さのみが存在するからだ。たとえあなたが人生の中で地獄の夢を見ているとしても、あなたはそのままで完璧なのである。

私たちが完璧ではないと信じ込ませるのは知識だけである。知識とは夢についての記述以上のものでも以下のものでもない。で、夢は真実ではなく、したがって知識は真実ではないのである。知識がどこから来ようと、それはせいぜいあるひとつの知覚にとってのみ真実なのだ。いったんその知覚を変えれば、それはもはや真実ではなくなる。私たちは、自分の知識によって真の自分を発見することは決してないだろう。結局、私たちが探し求めているのは、自分自身を発見し、真の自分になり、自分自身の人生を生きることなのだ。寄生体の人生——私たちが生きるようにプログラムされた人生——の代わりに。

私たちを真の自分へと導くのは知識ではない。それは「智恵」である。知識と智恵は区別しなければならない。それらは同じではないからだ。知識は主に、お互いの意思疎通をはかり、私たちが知覚することについて合意するために使われる。知識は、私たちが意思疎通をはかるために持っている唯一の道具である。なぜなら、人間が心と心で通じ合うことは滅多にないからである。大切なことは、私たちがどのように自分の知識を使うか、である。なぜなら、使い方を誤ると、知識の奴隷となり、自由を失ってしまうからである。

智恵は知識とは無関係である。智恵は自由と関係がある。智恵があれば、あなたは自分の心を自由に使って、自分自身の人生を生きることができる。健康な心は寄生体から解放されており、そのため、飼い慣らされる前のように、再び自由になるのだ。あなたが心を癒し、夢から逃げ出すとき、あなたはもはや無邪気ではなく、賢くなる。あなたは再び多くの点で子供のようになる。あるひとつの大きな違いを除いては。子供は無邪気であり、それゆえに苦しみや不幸に陥る可能性がある。しかし夢を超越した者は賢く、それゆえにもはや不幸や苦しみに陥ることはない。なぜなら、今では知っている――夢の正体を知り尽くす――からだ。

賢くなるためには知識を蓄える必要はない。誰でも賢くなれる。誰でも。賢くなると人生は楽になる。なぜならあなたは、本来のあなたになるからだ。本来のあなた以外のものになろうとして努力し、自分自身にも他のみんなにも、自分はそういう人間なのだと納得させようと頑張るのは難しいことである。本来のあなた以外のものになるべく努力することとは、あなたのすべてのエネルギーを消耗させる。だが、本来のあなたのままでいることは何の努力も要らないのである。

賢くなると、あなたは自分が作り上げたそういった様々なイメージを使わなくてもすむようになる。別の誰かであるふりをしなくてもよくなるのだ。あなたはあるがままの自分を受け入れる。そしてあなた自身を完全に受容すると、他のあらゆる人のことも完全に受容するようになる。あなたはもはや他の人々を変えようとしたり、あなたのものの見方を彼らに押しつけようとしたりはしない。あなたは他人の信念を尊重する。あなたは自分の体を受け入れ、体に備わったすべての本能と共にあなた自身の人間性を受け入れる。動物であることは少しも間違っていない。私たちは動物であり、動物は常に自らの本能に従う。しかし、人間である私たちは理知に勝るばかりに、自らの本能を抑圧することを覚えるのだ。私たちはハートから来ることに耳を傾けないのである。私たちが自分自身の体に逆らい、体の要求を抑圧したり、あるいは要求があることを否定すらするのは、そのためである。これは賢明なことではない。

賢くなると、あなたはあなた自身の体を尊重し、心を尊重し、そして魂を尊重するようになる。賢くなると、あなたの人生は頭ではなくハートに支配されるようになる。あなたはもはや、あなた自身、あなたの幸福、またはあなたの愛を妨害しなくなる。あなたはもはやいかなる非難の心も罪悪感も抱かなくなる。もはやこれ以上あなた自身を裁くのをやめ、そして他の誰をも裁かなくなる。その瞬間から、あなたを不幸にし、葛藤の人生へとあなたを押しやり、あなたの人生を困難にしているすべての信念は、たちどころに消え去っていく。

あなた以外のものになろうとする考えをすべて手放し、真のあなたになりなさい。あなたが自分の真の本性、ほんとうのあなたを受け入れたら、もはやあなたは苦しまなくなる。ほんとうのあなたを受け入れるとき、あなたは〈生命《いのち》〉を受け入れ、神を受け入れる。いったん受け入れると、もはや葛藤も、抵抗も、苦しみもなくなる。

賢くなると、あなたは常に無理のない道をたどるようになる。すなわち、ありのままの自分自身でいる、という生き方を。苦しみとは神に逆らうこと以外のなにものでもない。逆らえば逆らうほど、それだけ多く私たちは苦しむのだ。単純なことである。

一日一日と自分が「地球の夢」から目を覚していき、ついにあなたが完全に健康になったと想像してみてほしい。あなたの心にはもうなんの傷もなく、感情の毒もない。あなたがどんな自由を味わうか想像できるだろうか。どこへ行こうと、ただ生きているというだけで、すべてがあなたを幸福にするのだ。なぜだろう。なぜなら、健康な人間は愛を表現することを恐れないからだ。あなたは生きることを怖れず、愛することを恐れないのだ。もしあなたの心がもはやあの傷を負っておらず、感情体の中にあの毒がなかったら、自分がどのように人生を生き、どのように身近な人々と接するようになるか、想像できるだろうか。

世界中ここかしこにある秘教派《ミステリー・スクール》では、これは「覚醒」と呼ばれている。あたかも、ある日目が覚めると、心の傷がきれいになくなったかのようになることである。感情体に傷がなくなると、境界は消え去り、あなたはすべてを、あなたの信念のシステムに従ってではなく、あるがままに見始めるのである。

あなたの目が開き、傷がなくなると、あなたはすべての嘘を見抜く懐疑家となる。が、それは自分がいかに聡明か人々に言いふらしたり、ありとあらゆる嘘を信じている人々を馬鹿にして、自分の個人的な重要性を高めるためではない。そうではなく、覚醒すると、「夢」が真実ではないことがはっきり見えるようになるからである。目を覚まし、目を開けると、すべてがあなたには明らかになるのだ。

目覚めると、あなたは後戻りのきかない一線を越え、そして二度と同じように世界を見ることはなくなる。あなたはまだ夢を見続ける――なぜなら、夢を見ることは避けられないから、夢を見ることは心の働きだから――のだが、しかし違いは、あなたがそれを夢だと知っている点にある。それを知ったうえで、あなたは夢で楽しむこともできるし、苦しむこともできる。それはあなた次第なのだ。

覚醒とは、何千人も集まったパーティーで全員が酔っぱらっているときに、あなただけが酔っていないようなものである。パーティーでしらふなのは、あなただけなのだ。それが覚醒である。なぜなら、実を言えば、ほとんどの人は自分の心の傷や感情の毒を通して世界を見ているからである。彼らは、自分たちが地獄の夢の中で生きていることに気づいていないのだ。ちょうど水の中を泳いでいる魚が、自分が水の中で生きていることに気づいていないのと同じように、彼らは自分たちが夢の中で生きていることに気がついていないのである。

私たちが目覚めると、みんな酔っぱらっているパーティーの中で自分だけがしらふなとき、私たちは慈しみの気持を感じるようになる。なぜなら、私たちもかつては同じように酔っぱらいだったからだ。私たちは裁く必要がなくなる――地獄にいる人々をも。なぜなら、私たちもまたかつては地獄にいたからである。

あなたが目覚めると、あなたのハートは〈スピリット〉の表現、愛の表現、生命の表現となる。自分は〈生命〉とひとつであると気づくこと、それが覚醒である。自分が〈生命《いのち》〉でありひいては〈力《フォース》〉であるという気づきがあるとき、どのようなことも可能になる。常に奇跡が起こる。なぜなら、奇跡はハートによって行われるものだからだ。ハートは人間の魂と直接的に交わるので、ハートが語りかけるときは、たとえ頭の抵抗があっても、あなたの内側で何かが変わる。あなたのハートは別のハートを開き、そして真の愛が可能になるのだ。

◇

インドには、ひとりきりでいた神、ブラフマンについての古い物語がある。ブラフマン以外は何も存在せず、彼は退屈しきっていた。ブラフマンはゲームをして遊ぼうと思ったのだが、ゲームをする相手が誰もいなかった。そこで彼は美しい女神マーヤーを、ただ楽しむだけのために創造した。するとマーヤーが出現すると、ブラフマンは彼女に彼女がなぜ存在しているのかを話した。するとマーヤーはこう言った。「分かったわ。では最高にすばらしいゲームをしましょう。ただし、あなたは私の言う通りにしなくてはだめよ」ブラフマンは同意し、マーヤーの指示に従って全宇宙を創造した。ブラフマンは太陽と星々、月と惑星を創造した。それから彼は、動物を始めとする地上の生き物を創造し、さらに海、大気などのすべてを創造した。

マーヤーは言った。「あなたが創造したこの迷妄《マーヤー》の世界はなんて美しいのかしら。では今度は、動物の一種で、あなたの創造物の価値をきちんと認めることができるほど利口で、目覚めているものを造ってほしいのだけど」そこで最終的にブラフマンは人間を造り、創造を完了すると、いつゲームを始めるつもりかマーヤーに尋ねた。

「さあ、では始めましょう」と彼女は言った。で、彼女はブラフマンを捕まえると、彼を無数の小さな小さな細片に切り刻んだ。それからあらゆる人間の中にその細片をひとつずつ埋め込み、そして言った。「さあ、ゲームの始まりよ。私はあなたが自分が誰だったかを忘れさせます。ですから、あなたは自分自身を探すのよ！」

マーヤーは夢を創造し、かくして今もなお、夢の中でブラフマンは自分が誰だったかを思い出そうとしている。ブラフマンはそこ——あなたの中——にいるのだが、マーヤーはあなたが自分自身のことを思い出すのを妨げ続けているのである。

あなたが夢から覚めるとき、あなたは再びブラフマンとなり、あなたの神性 *divinity* を取り戻す。あなたの内なるブラフマンは「おお、私は目覚めた。だが他の人々はどうなるのだろう」と言う。今やあなたはマーヤーが仕掛けたトリックを知っているので、あなたと同じように目覚めつつある他の人々と真実を分かち合うことができるのだ。

パーティーでしらふな人が二人いたら、もっと愉快になれる。三人になったらもっといい。あなたから始めなさい。そうすれば他の人々も変わり始め、ついにはすっかり夢から覚め、パーティーにいる全員がしらふになるだろう。

◇

トルテックの教えやキリスト教を始めとして、メキシコ、ヨーロッパ、インド、ギリシャなど世界中の様々な場所で説かれてきた教えの根底には、共通の真理が見出される。それらは、あなたが自分の神性を取り戻し、内なる神を見出せ、と語る。心を完全に開き、智恵を身につけよ、と説いているのだ。

もしすべての人間が心を開き、内なる愛を見出したらどんな世界が開けてくるか、想像できるだろうか。もちろん、私たちにはそれができる。すべての人々がそれぞれの仕方で成し遂げることができるのだ。何か押しつけられた考えに従うというのではない。自分自身を見出し、自分なりの仕方で自分自身を表現するということだ。それ故にあなたの人生はアートだ、と言われるのである。トルテックとは「スピリットのアーティスト」という意味である。トルテックとは、ハートで表現することのできる人々、無条件の愛を持った人々のことなのである。

あなたが生きているのは、神の力、すなわち〈生命《いのち》〉の力のおかげである。あなたは〈生命〉である力《フォース》そのものなのだが、しかし心のレベルでしか考えられないので、ほんとうの自分というものを忘れてしまうのだ。そこで、いかにも安直にこう言うのだ。「おお、神様。すべての責任をお引き受けになる神よ、どうか私をお救いください」

それは違う。神はただあなたに——あなたの内なる神に——気づきなさい、選択しなさい、恐れを突き抜けて、自分を変える勇気を持ちなさい、と伝えに来たのだ。あなたがもはや愛することを恐れなくなるように。愛に対する恐れは、人間が抱く恐怖の中でももっとも大きなもののひとつである。なぜか。それはこの「地球の夢」の中では、傷心は「かわいそうな私」を意味するからである。

多分あなたは、「もし私がほんとうに〈生命〉あるいは神だったら、どうしてそれが分からないのだろう」と疑問に思うだろう。なぜなら、そのことが分からないようにプログラムされているからである。私たちはこう教えられるのだ。「おまえは人間だ。これがおまえの限界なのだ」そして私たちは、自らの可能性を自分自身の恐れによって制限してしまうのである。あなたは自分が信じるとおりのものになる。人間はパワフルな魔術師《マジシャン》である。これが自分だとあなたが信じれば、それがあなたとなる。そしてそうできるのは、あなたが〈生命〉であり、神であり、自由意志だからである。あなたには、自分自身をたった今のあなたにする力がある。だが、あなたの力をコントロールするのは理性ではなく、あなたの信念である。

分かるだろうか。すべては信念の問題なのだ。私たちの信じることが何であれ、それが私たちの存在を支配し、私たちの人生を支配するのだ。私たちの生み出す信念のシステムは、私たちが自分を閉じ込める小さな箱のようなものである。私たちがそこから抜け出せないのは、抜け出せないと信じているからなのである。それが私たちが陥っている状況である。人間は自分で自分の枠、自分の限界を設けるのだ。私たちは人間には何ができ、何ができないかを決める。それから、単にそれを信じ込むが故に、それは私たちにとって現実となるのである。

◇

トルテックの予言は、新たなる世界の始まり、自らの信念、自らの人生に責任を持つ新しい人類の出現を予告している。あなたがあなた自身の導師《グル》となる時が到来しつつある。他の人から神の意志を告げてもらう必要はもはやない。いかなる仲介者もなしにあなたと神が向き合うべき時が来たのだ。あなたは神を探し求めてきた。そしてあなたはあなたの内に神を見出したのだ。神はもはやあなたの外側にはいないのである。

〈生命〉である力《フォース》があなたの内にあることを知るとき、あなたはあなた自身の神性を受け入れるが、にもかかわらず謙虚になる。なぜなら、あなたは他のあらゆる人の中にも同じ神性を見るからである。あなたにとっては神を理解することがとても容易になるだろう。なぜなら、あらゆるものは神の顕現なのだから。肉体は死に、心もまた消滅していくが、しかし〈あなた〉は違う。あなたは不滅である。あなたは何十億年もの間、さまざまな形で存在し続けるのだ。なぜなら、あなたは〈生命〉であり、生命が絶えることはあり得ないからである。あなたは木々の中に、蝶たちの中に、魚、空気、月、太陽の中にいる。

あなたがどこへ行こうと、そこにはあなたが自分自身を待ちつつ存在しているのである。あなたの体は神殿、神が住まう生きた神殿である。あなたの心もまた神が住まう生きた神殿である。神は〈生命〉としてあなたの中に宿っているのだ。神があなたの中に宿っている証拠は、あなたが生きているということだ。あなたの〈生命〉こそが証拠なのである。むろん、あなたの心の中にはゴミや感情の毒があるが、しかし神もまたいるのである。

神に至るため、悟りを開くため、目覚めるためのいかなる努力も不要である。あなたを神のもとに連れて行ける人など誰もいない。もしあなたを神へと導いてあげようと言う人がいたら、その人は嘘つきである。なぜなら、あなたはすでに神と共にいるからである。あなたがそれを望もうが望むまいが、逆らおうが逆らうまいが、あなたはすでに神と共にいるのである。

残された唯一のことは、人生を楽しみ、溌剌と生き、あなたの感情体を癒し、それによって自分の内なるすべての愛を惜しみなく分かち合えるような人生を創造することである。たとえあなたが全世界の愛を一身に受けても、その愛はあなたを幸福にはしないだろう。あなたを幸せにするのは、あなたの内側からあふれ出る愛である。その愛こそが重要なのだ。他の人から与えられる愛ではなく。あなたがまわりのあらゆるものに対して抱く愛は、あなたが担う半分である。他の半分は木かもしれないし、犬かもしれないし、雲であるかもしれない。あなたは関係のうちの半分なのだ。もう半分はあなたが知覚するものである。夢見手としてのあなたは半分で、他の半分は夢自体である。

あなたは常に愛する自由を持っている。あなたがパートナーとの関係を選んだとき、もしあなたのパートナーも同じゲームを楽しめたら、何とすばらしいことだろう。あなた方二人の関係が完全に地獄から抜け出したとき、二人ともそれぞれ十分に自分自身を愛するようになっているので、お互いをまったく必要としなくなることだろう。あなた方はそれぞれの意志で一緒になり、美を創造するのだ。そしてあなた方二人が創り出していくのは天国の夢なのである。

すでに恐れと自己否定を克服したあなたは、自己愛へと帰っていくのだ。今やあなたは真に強くなっているので、あなたの自己愛で個人的な夢を恐れから愛へ、苦しみから幸福へと変えることができる。するとあなたは、ちょうど太陽のように、常に無条件で光を与え、愛を与えるようになる。あなたが無条件で愛するとき、人間でありまた神であるあなたは、あなたを通して働いている〈生命のスピリット〉と同調するのだ。あなたの人生はスピリットの美しさの表現となる。人生とは夢にほかならない。で、もしあなたが自分の人生を愛によって創造するならば、あなたの夢はもっとも美しい、最高の芸術作品となるのである。

祈り

しばらくの間目を閉じて、あなたのハートを開き、ハートから来るすべての愛を感じるようにしてください。

どうか、我らが創造主と親しく交わるための特別な祈りに加わってください。

あたかもあなたの肺だけしか存在しないかのように、あなたの肺に注意を集中してください。あなたの肺が大きく膨らんで、呼吸という、人間の体にとって最も大切な必要を満たそうとしていることに喜びを感じてください。

深く息を吸い、あなたの肺が空気でいっぱいになるのを感じてください。空気がいかに愛に満ちているかを感じてください。肺と空気そして愛がつながっていることに気づいてください。あなたの体が空気を吐き出す必要を感じるまで、肺を空気で膨らませてください。それから吐き出し、再び喜びを感じてください。私たちが体のいかなる要求を満たすときも、それは私たちに喜びをもたらします。呼吸することは私たちに喜びをもたらします。単に呼吸するだけで、私たちが常に幸福であり、人生を楽しむのに十分なのです。ただ生きているというだけで十分なのです。生きていることの喜びを、愛の感情の喜びを感じてください……

気づきの祈り

今日、宇宙の創造主であるあなたにお願いします。どうか私たちのハートを開き、私たちの目を開いて、私たちがあなたの創造物のすべてを楽しみ、あなたとの永遠の愛に生きることができるようにしてください。

私たちが自分の目や耳やその他すべての感覚で、また心の目で知覚するあらゆるものの中にあなたを見ることができるようお助けください。私たちが愛の目で知覚できるようになり、行く先々であなたを見つけ、あなたのあらゆる創造物の中にあなたを見ることができるようにさせてください。

私たちの体のあらゆる細胞の中に、私たちの心のあらゆる動きの中に、あらゆる夢の中に、あらゆる花の中に、私たちが出会うあらゆる人の中に、あなたを見られるようにさせてください。あなたは私たちから隠れることはできません。あなたはいたるところにおり、あなたと私たちはひとつだからです。私たちがこの真実に気づけるようにさせてください。

あらゆることを可能にする天国の夢を創り出す力が私たちには備わっている、ということに気づかせてください。私たちの人生の夢を導き、私たちの創造の魔法を使えるよう、想像力を駆使し、恐怖なしに、怒りなしに、嫉妬なしに、羨望なしに生きられますようお助けください。

私たちを導いてくれる光をお与えください。そして今日という日を、愛と幸福の探求の終りの日にさせてください。今日、私たちの人生を永久に変えてしまうほどすばらしいことが起こりますように。私たちの行うこと、語ることのすべてが、常に愛に基づいた、私たちのハートの中の美の表現となりますように。

私たちがあなたと同じように愛し、あなたと同じように分かち合うことができ、あなたがご自分のすべての創造物を美と愛の傑作にしたのと同じように、私たちが美と愛の傑作を創造できるよう、お助けください。

今日から始め、時間をかけて徐々に私たちが自分の愛の力を高め、ついに私たちが自分の人生を最高の芸術作品にすることができるよう、お助けください。今日、創造主よ、あなたに私たちの感謝と愛のすべてを捧げます。なぜなら、あなたは私たちに生命を与えてくださったからです。アーメン。

自己愛の祈り

今日、宇宙の創造主よ、私たちが自分を裁くことなく、あるがままに受け入れられるようお助けください。私たちが自分の心を、そのすべての感情、希望、夢、個性、特有の在り方と共に、あるがままに受け入れられるようお助けください。私たちが自分の体を、その美しさと完璧さと共に、あるがままに受け入れられるようお助けください。私たちの自己愛が強まり、私たちが二度と自分を拒絶したり、自分の幸福、自由、愛を妨げたりしなくなりますように。

これからは、すべての行動、すべての反応、すべての思考、すべての感情が愛に基づいたものとなるようお助けください。

創造主よ、私たちの自己愛が十分に高まり、人生の夢が恐れと苦しみから愛と喜びへとすっかり変わるようお助けください。私たちの自己愛の力が十分に高まり、私たちが信じるようプログラムされてきたすべての嘘——私たちは十分に優れてはいない、十分に強くはない、十分に知的ではない、とても成功などできない、などと私たちに信じ込ませるすべての嘘——を打ち破ることができますように。

私たちの自己愛が高まり、もはや他人の意見に従って自分の人生を生きなくてもよくなりますように。自分にとって大事な選択をするとき、完全に自分を信頼できるようになりますように。この自己愛でもって、私たちは人生のいかなる責任も恐れずに負い、いかなる問題も恐れずに直視し、問題が起こるつど、恐れずにそれを解決していきます。私たちが成し遂げたいと願うことがなんであれ、それが私たちの自己愛の力によって成就しますように。

今日から私たちが自分を深く愛し、自分の意に反するようないかなる状況も招かずにすますことができるようお助けください。単に他の人に受け入れてもらうために自分でないふりをすることなく、自分のままで人生を生きることができます。私たちにはもう他人に受け入れてもらったり、自分がどれほど優れているかを言ってもらう必要はありません。なぜなら、私たちは自分が何者であるかを知っているからです。

自己愛の力で、私たちが鏡を見るたびに目にするものを楽しむことができますように。私たちの内面の美しさを高めるすばらしい笑顔が私たちの顔に浮かびますように。私たちが常に自分自身の存在を楽しむことができるほど強烈な自己愛を感じるようお助けください。

裁くことなく、自分のことを愛せますように。なぜなら、私たちが裁くとき、非難と罪悪感を抱き、罰することが必要になり、そして自分を愛せなくなってしまうからです。

今この瞬間、自分を許そうとする意志を強くしてください。私たちの心から感情の毒と自己批判を洗い流し、私たちが完全な平和と愛の中に生きられるように。

私たちの自己愛が私たちの人生の夢を変える力となりますように。私たちのハートの中のこの新しい力、自己愛の力で、自分自身との関係を初めとするあらゆる関係が変化しますように。

他人とのいかなる葛藤からも解放されるようお助けください。私たちが愛する者たちと共に時を過ごすことを喜びとし、自分の心にわだかまっている不当なことに対して彼らを許すことができますように。私たちがほんとうに自分を愛することができるようになり、これまで私たちを傷つけた人を許すことができますようお助けください。

家族や友人たちを無条件に愛し、私たちの人間関係をもっとも肯定的で愛に満ちたやり方で変えるための勇気をお与えください。私たちが人間関係における新たな意思疎通の経路を作り上げ、コントロールの争いも、勝者も敗者もなくすようにできるようお助けください。私たちが手を組んで、愛のための、喜びのための、調和のためのチームとして働くことができますように。家族や友人たちとの関係が尊敬と喜びに基づいたものとなり、もうこれ以上彼らにどう考えるか、またはどう振る舞うかを指図する必要がなくなりますように。

男性と女性がもっともすばらしい関係を結べますように。パートナーと目を見合わせるたびに喜びが感じられますように。パートナーを裁くことなく、あるがままに受け入れられますようお助けください。なぜなら、私たちが相手を拒むとき、私たちは自分を拒んでいるからです。私たちが自分を拒むとき、あなたを拒んでいるのです。

今日という日は新たなる始まりの日です。私たちが自己愛の力で人生をやり直すことができるようお助けください。私たちが人生を楽しみ、人間関係を楽しみ、人生を探求し、危険を冒し、溌溂と生きることができ、もうこれ以上愛への恐れの中で生きないですむようお助けください。

私たちの生得権である愛にハートを開くことができますように。私たちが感謝、寛大さ、そして愛のマスターとなることができますようにお助けください。私たちが常に、そして末永くあなたの創造物のすべてを楽しむことができますように。アーメン。

訳者あとがき

本書は古代メキシコのトルテックの英知を説くナワール、ドン・ミゲル・ルイスによる*The Mastery of Love — A Practical Guide to the Art of Relationship*の全訳である。この原題に出てくる"Mastery"とは修得、マスターする、という意味である。つまり、本書は、愛を実践し、生きるためのガイド・ブックである。

「この星は精神病院そのものである」と著者は言う。確かに私たちの住むこの世界に目を向けると、これが決して過言ではないということが分かる。いたるところで繰り返される戦争、終わることのない貧困と飢餓。どれだけ物質的に恵まれていようと癒されることのない孤独や不安、増え続ける自殺。心を置き去りにして表層的な価値観に翻弄されている世界の姿がそこにある。

そこで私たちは途方に暮れる。これが現実なのだから仕方がないじゃないか、と自分に言い聞かせるのだ。何をやっても焼け石に水。ましてや私ひとりの力ではどうしようもない、と。

では、いったい何が世界をこのようにしてしまったのだろうか。無限に広がる空と豊かな大地の間にさまざまなルールを作り上げ、ただ生まれ、命いっぱいに生きていこうとする人々にさまざまな価値判断を下し、愛に値する者とそうでない者に選り分けようとするのは……。

それは紛れもなく私たち自身の意識である。世界で起きることのすべては、同様に私たちの心の中にもまるごと存在している。もしそうならば、私たちがそう望みさえすれば、明日にだって世界は生まれ変わることができるはずだ。それを可能にするのは、私たちの愛であり、幸福である、とマスターたちは言う。クリシュナムルティが言うように、「あなたは世界」なのだから。「新しい世界を創造できるのは、政治家ではなく、改革者や思想上のわずかな聖人君子ではなく、愛していて、元気で、幸せな人たちだけ」なのである。

この本に出会った時、私は一年ほど前、インドのカルカッタにあるマザー・テレサの修道会でボランティアをしていたときのことを思い出した。本書の序文に出てくる「あなたが他人にすることは全て、この私にすることなのだ」というマスターの言葉は、マザーが非常に大切にしていたイエスの教え、「私の兄弟であるこの最も小さい者の一人にしたのは、この私にしてくれたことなのである」と同じだったからである。彼女は誰がどうのような姿で現れようと、それは姿を変えたイエスその人にほかならないということ、またいかなる時も、いかなる状況においても、そこに神の御手を見るということを、この世界のただ中においてつねに黙想していた。

もし私たちが愛の目で見るならば、全てのこと、全てのものが神性のかけがえのないひとつの表現であり、そしてもし私たちがすべてをあるがままに受け入れるならば、全てはすでに完璧である、ということなのだ。しかし、私たちの中にものごとを善と悪、神とそうでないものに分ける意識の境界線が存在するかぎり、私たちは真の神性について何ひとつ理解することはできない。

もし私たちがそう望むならば、全ての出来事、全ての出会いが、私たちが心の目を開くための機会となる。私たちがもしありのままの自分でいることを恐れなくなるならば、私たちは完璧な一輪の花のごとく美しく、自然に、そしてやさしくなれるはずだ。

トルテックの教えもまた、その他の世界中の様々な偉大な教えと本質的に同じことを説いている。しかしここで、ドン・ミゲル・ルイスが私たちに気づかせてくれるのは、私たちが目覚めるためには、何も特別な修行や環境など必要なく、私たちが生きている「今、この瞬間の意識」こそが、気づきへの第一歩を踏み出すための道具なのだ、ということである。私たち一人一人がキリストの愛、仏陀の洞察を生きる時代はやって来ている。本書が実に雄弁に語っているように、全ては「私たち次第」なのである。本書によって読者の方々が内なる輝きを思い出されることを心から願っている。
最後になったが、この本との巡り会いを実現させてくれた重田正紀さん、そして大野純一さんに深く感謝している。また翻訳するにあたって多くの助言と助力を与えてくれた私の親友であり、母である高瀬千図に、ほんとうにありがとう。そしてこの本の内容を、単なる言葉や知識に終わらせることなく、実践し、それを実際に生きることを可能にしてくれた安野雄一さんに、心からの感謝と祈りを送りたい。

二〇〇〇年五月五日

高瀬千尋

■著者——**ドン・ミゲル・ルイス (Don Miguel Ruiz)**
メキシコ生まれ。キュランデラ（ヒーラー）の母親とナワール（シャーマン）の祖父によって育てられた。家族は、ミゲルが伝統的なトルテックの教えを引き継いでくれることを望んだが、彼は現代医学を学び、外科医になった。が、交通事故による臨死体験によって霊性に目覚め母親や砂漠のシャーマンに就いて修行し、ナワールとなった。現在、メキシコのティオテイワカンでトルテックの道を教えている。著書に『四つの約束 The Four Agreements』『四つの約束——コンパニオン・ブック The Four Agreements: Companion Book』『祈り——創造主との交わり The Prayers: A Communion with Our Creator』『パラダイス・リゲイン——トルテックの知恵の書 The Voice of Knowledge』（いずれも邦訳はコスモス・ライブラリー）

■訳者——**高瀬 千尋（たかせ・ちひろ）**
1977年東京生まれ。リセ・フランコ・ジャポネ卒、パリ第五大学医学生物学科中退。訳書に『平和への勇気——家庭から始まる平和建設への道』『カミング・ホーム——文化横断的〈悟り〉論』（共にコスモス・ライブラリー）

■監訳者——**高瀬 千図（たかせ・ちず）**
1945年長崎生まれ。出版社勤務を経てフリーの校正者に。1989年小説「イチの朝」を早稲田文学に発表。「夏の淵」で新潮新人賞受賞。共に芥川賞候補。著書に『風の家』、『天の曳航』共に講談社刊、『夏の記憶』葦書房刊、『道真 上・下』日本放送出版協会刊など。

ドン・ミグル・ルイス『愛の選択』

The Mastery of Love — A Practical Guide to the Art of Relationship

2000年7月7日　第1刷発行
2023年8月1日　第9刷発行

発行所　（有）コスモス・ライブラリー
発行者　大野純一
〒113-0033　東京都文京区本郷1-25-2　大竹ビル1F
電話：03-3813-8726　Fax：03-5684-8705
郵便振替：00110-1-112214
装幀　清水良洋
発売所　（株）星雲社（共同出版社・流通責任出版社）
〒112-0005　東京都水道1-3-30
電話：03-3868-3275　Fax：03-3868-6588
印刷／製本　シナノ印刷（株）
ISBN978-4-7952-2380-6 C0011
定価はカバー等に表示してあります。

「コスモス・ライブラリー」刊行物

【精神世界関連書】

〈本体価格〉

ドン・ミゲル・ルイス著／松永太郎訳

『四つの約束』

一九九八年に「異界へと旅立った」カルロス・カスタネダの流れをくむルイスは、古代メキシコの〝トルテック〟の智恵にもとづいて、われわれを覚醒させ、人生をすみやかに変え、真の自由と幸福をもたらすことができる力強い教えを「四つの約束」としてまとめた。人生を暗くし、不必要な苦しみを生む元になっている様々な自縛的信念を明るみに出し、われわれを広々とした明るい世界へと誘う。好評発売中！

〈1200円〉

ドン・ミゲル・ルイス著／大野龍一訳

『四つの約束――コンパニオン・ブック』

世界的ベストセラー『四つの約束』の著者が贈る、本質的にしてすぐ役に立つ生き方実践マニュアル。『四つの約束』のさらに詳しい解説、著者と読者とのQ&A、読者の「実践報告」を収める。困難な時代、自由に力強く、幸福に生きるにはどうすればいいのか？

家庭、職場、友人関係の悩みをどう解決すればいいのか？　あらゆる疑問に懇切丁寧に答えた読者待望の一冊！

〈1500円〉

ドン・ミゲル・ルイス述／メアリー・キャロル・ネルソン編著／大野龍一訳

『恐怖を超えて――トルテックの自由と歓喜へのガイド』

ルイスの教えの背景をなす、古代メキシコの秘教トルテックの秘密を大胆に開示。ミリオンセラー『四つの約束』と双璧をなす必読書。

[主な内容]●ミゲルが透視したテオティワカン遺跡の秘密と知られざる古代史●「新しい太陽」が生み出すアクエリアス時代の人間進化●ケツァルコアトル＝再生のための死のイニシエーション●生まれ変わりが意味するもの●「地獄の夢」を「天国の夢」に変える方法●ミゲルが見た仏陀とイエス●ミゲルの妻ガヤの数奇な物語●予言と激動の時代へのメッセージ

〈1900円〉

ドン・ミゲル・ルイス&ドン・ホセ・ルイス&ジャネット・ミルズ共著／こまい ひさよ訳

『五つの約束――自己修養のための実用ガイド』

世界中の多くの人々の生き方を変えたミリオンセラー『四つの約束』の、待望の続編！息子のドン・ホセ・ルイスほかとドン・ミゲル・ルイスの共著である本書の第1部では、『四つの約束』の教えがより分かりやすく解説されている。そして第2部では、新しい時代の必要に応えるための「五つ目の約束」が提示され、「疑いの力」を駆使してより深い気づきを持つことによって遂げられる自己変容から世界変容へと至るための力強いステップが示されている。

〈1500円〉

ハリー・ベンジャミン著／大野純一訳

『グルジェフとクリシュナムルティ――エソテリック心理学入門』

グルジェフの教えのエッセンスを彼の高弟モーリス・ニコルの注釈書に基づいて紹介し、クリシュナムルティの教えとの共通点ないし関連性に言及する。あのデルフォイの神託〝Gnothi Seauton〟（「汝自身を知れ」）の最も深い意味が明かされ、〈コスモス〉との深い関わりのなかで試みられるダイナミックな「自己発見の冒険」へと読者を誘う。

〈2000円〉

J・クリシュナムルティ著／大野純一編訳

『〈新装版〉私は何も信じない――クリシュナムルティ対談集』

クリシュナムルティはその九十年の生涯の間に数多くの人々と対談した。本書はその一部を厳選し、インド人学者ヴェンカテサーナンダや、アメリカの宗教学者でケン・ウイルバーの先輩格にあたるジェイコブ・ニードルマンとのグル、求道、ヨーガ、教師の役割、心理的依存といったテーマをめぐる討論等々を紹介。

〈2000円〉

J・クリシュナムルティ著／大野純一編訳

『クリシュナムルティの教育・人生論――心理的アウトサイダーとしての新しい人間の可能性』

クリシュナムルティの教育観ひいては人生観をこれまで未紹介の資料からわかりやすくまとめ、新しいミレニアムにおける新しい生き方を模索。それを要約すれば、戦争・暴力・流血によって彩られた自己中心的、自集団・自文化・自国家中心的な二十世紀的心理構造から抜け出し、世界中心的・コスモポリタン的・平和的な新しい人間としての〝心理的アウトサイダー〟に変容することが急務であり、そのための具体的なステップを提示している。

〈1600円〉

大野純一著編訳

『片隅からの自由――クリシュナムルティに学ぶ』

限りなく異常の度を加えつつある現代世界の中で正気を保つためには、もはや「正常（ノーマル）」であるだけでは不十分であり、「超正常」な生き方を実現することが急務となっている。そのため、典型的な超正常者としてのクリシュナムルティの歩みを、まず初期から第二次大戦後にかけておこなわれた代表的トークによってたどる。

次に、一九七〇年前後のトークに傾聴することによって、彼の教えの核心に迫る。そして最後に、「学び」の可能性を様々な角度から模索することによって、超正常な生き方の実現に不可欠の気づき・観察・洞察力を磨くための手がかりをつかみ、新たな学びの精神を培うことをめざす。

〈2200円〉

J・クリシュナムルティ著／大野龍一訳
『自由と反逆——クリシュナムルティ・トーク集』

生に安全はない。安全への希求を放棄したとき、生の豊饒が姿を現わす！

〝生の革命家〟クリシュナムルティの誕生を告げる一九二八年キャンプファイヤー・トークの全文と、成熟期一九四七年マドラス講話に示された、揺るぎない「日常への指針」。模倣に基づいた中古品の人生ではなく、個性的な独自の人生を歩むためのガイド。

〈1600円〉

J・クリシュナムルティ著／大野純一訳
『しなやかに生きるために——若い女性への手紙』

人生の様々な問題や困難にもめげず、しなやかに、たくましく生き抜くにはどうしたらいいのか？ 本書に収録された温かい思いやりにあふれた一連の手紙の中で、クリシュナムルティはこの難題に取り組んでいる。

われわれを真の自由へと誘う偉大なる牧人クリシュナムルティが、彼の許を訪れたとき心身ともに傷ついていた若いインド人女性宛に書いた、慈愛に満ちた書簡集。

〈800円〉

J・クリシュナムルティ著／大野龍一訳
『人生をどう生きますか？』
クリシュナムルティの多くの著書から短いパラグラフの形で抜粋され、読み易く理解し易いようにトピック別に編集された、一巻本選集。クリシュナムルティにまだあまりなじみのない読者や、全体的な視野から彼の教えを見直したいと願う読者には最適の一冊。◆セクション1・あなたのセルフとあなたの人生◆セクション2・自己理解：自由への鍵◆セクション3・教育、仕事、マネー◆セクション4・関係
〈2000円〉

稲瀬吉雄編

『〈生のアーティスト〉クリシュナムルティの言葉』

コロナ渦を始めとする現代世界の危機の根源と光明の存り処を照らす。時空を超え、今に響く、クリシュナムルティ、魂の言葉集！ 〈1900円〉

メアリー・ルティエンス著／大野純一訳

『クリシュナムルティの生と死』

「何が真理ではないか」を指摘し続けたクリシュナムルティは二十世紀の典型的偶像破壊者の一人であり、特定のいかなる哲学、宗教あるいは心理学派との同一化も断固として否定した。が、変容を促す彼の洞察と観察は多くの人々に深甚なる影響を及ぼした。

本書の目的はこのきわめて注目すべき人間の性質を解明し、彼の成長の過程をたどり、そして彼の長い生涯を展望することである。そのため著者はクリシュナムルティの成長にとって不可欠の事柄だけを選び、それらをいわば長大な年譜としてまとめ上げた。

本書は稀有の覚者クリシュナムルティの生涯に関するルティエンスの研究成果の集大成である。 〈2200円〉

J・クリシュナムルティ著／小林真行訳

『アートとしての教育――クリシュナムルティ書簡集』

学びと気づき、条件づけからの解放、関係性と責任、自由と英知など、幅広いトピックに光をあてながらホリスティックな教育のあり方を示した書簡集。こどもたちの未来に関心を寄せる全ての人たちに贈る、英知の教育論。 〈1900円〉

イーブリン・ブロー著／大野純一訳

『回想のクリシュナムルティ・第1部：最初の一歩……』

本書第1部では、クリシュナムルティの最初の家庭教師ラッセル・バルフォア・クラーク、星の教団に城と領地を寄進したパラント男爵、初恋の人ヘレン・ノース、娘の時両親とともに教団に加わり、後に精神分析専門医になったヘッダ・ボルガーなど、最も初期の関係者たちとの会見録や、当時の写真・資料を駆使して、星の教団解散までのクリシュナムルティの歩みを辿る。 〈1800円〉

イーブリン・ブロー著／大野純一訳

『回想のクリシュナムルティ・第2部：最後の一歩……』。

第1部（既刊）に続く本書第2部では、六〇人ほどの関係者の回想・手記および多数の写真を交えつつ、星の教団解散後から一九八六年の死までの歩みを辿る。

クリシュナムルティから放たれた強烈な洞察の光は、関係者それぞれの内奥にまで達し、次にそこから跳ね返ってわれわれの内面に貫入し、「内なる革命」を遂げるよう強く訴えかけてくる。

〈2000円〉

J・クリシュナムルティ著／渡辺　充訳

『時間の終焉――J・クリシュナムルティ&デヴィッド・ボーム対話集』

著名な理論物理学者と稀有の覚者が、人類の未来について、英知を傾けて行った長大な対話録。五、六千年ほど前から辿られ続けてきた間違った進路から人類を転じさせるべく、心理的葛藤の根源、自己中心的行動パターンの打破、脳細胞の変容、洞察の伝達、老化の防止、断片化された人生から生の全体性をいかにして回復させるべきかへと話し及ぶ。

〈2300円〉

J・クリシュナムルティ著／柳川晃緒訳

『変化への挑戦――クリシュナムルティの生涯と教え』《英和対訳◎DVDブック》

これまでクリシュナムルティの著作の邦訳書は多数刊行されてきたが、彼の生涯や講演についてのビデオ録画がわが国で一般向けに公開されたことはなかった。このたび、クリシュナムルティ・アメリカ財団の依頼に応じて、初めて英和対訳のDVDブックを刊行する運びとなった。暴力へと条件づけられた人類の意識の変容を促すべく、イギリス、スイス、インド、アメリカをまわり、講演・討論を行い、個人的面談に応じ続けた〈世界教師〉クリシュナムルティ。その九〇年にわたる生涯のあらましを貴重な映像によって辿り、聴衆一人ひとりに語りかけてくる彼の表情と肉声に接することができる。

［本書の構成］第1部　変化への挑戦■第2部　「変化への挑戦」の製作について■第3部　教えの未来■第4部　真理の運び手■第5部　人と教え

〈2700円〉

J・クリシュナムルティ著／柳川晃緒訳

『真の革命――クリシュナムルティの講話と対話』《英和対訳◎DVDブック》

本書に収録された合わせて八篇（各約三〇分）の講話と対話を通じてクリシュナムルティは、いまや砂漠と化しつつある現代世界の中で、われわれ一人ひとりが、いわば「オアシス」のような存在になることが急務だと訴えている。

そのためには、関係を鏡として自己観察を行い続けることによって、自分の内面に組み込まれている心理構造を点検し、それを構成しているもの――羨望、攻撃性、恐怖、快楽の追求、貪欲など――に徹底的に気づき、それらから自由になるという意味での「真の革命」を静かに遂げなければならない。本書は、そのような革命への道を辿るためのガイドである。

YouTubeで公開されているドキュメンタリー映画「時代の精神（Zeit Geist）」の続編）に、これから始まるであろう新たな精神革命の先頭に立つ覚者として登場。

〈2800円〉

シュリ・ラム・チャンドラ著／佐竹正行訳

『真理の夜明け――サハジ・マルグ（自然の道）入門』

サハジ・マルグ（自然の道）とは、日常生活を営む中で、ラージャ・ヨーガに基づいて霊性の完成を実現することをめざした生き方で、万人に向かって開かれた、自然で、単純で、自発的な道である。著者のシュリ・ラム・チャンドラは古典的なラージャ・ヨーガを単純化し、サハジ・マルグ方式を完成させ、その普及をはかるため、一九四五年にシュリ・ラム・チャンドラ・ミッションを設立した。本書は、その設立者自身による、簡にして要を得た入門書で、特に真の〈グル〉の意義と役割など、宗教に関心のない一般の人々にも多くの貴重な示唆を与える。

〈1200円〉

デーヴィッド・N・エルキンス著／大野純一訳／諸富祥彦解説

『スピリチュアル・レボリューション――ポストモダンの八聖道』

多くのアメリカ人の内面で進行中と言われる〝霊性の革命（スピリチュアル・レボリューション）〟の実態に迫り、魂を養い、〝聖なるもの〟に至るための八つの道（女性性：アニマ／芸術：ミューズ／身体：エロス・性・官能性

／心理学：カウンセリング・サイコセラピィ／神話：物語・儀式・シンボル／自然：天・地／関係性友情・家族・コミュニティ／魂の闇夜：実存的危機の道）を提示し、実際にそれらの道を辿ることを志す人々をガイドする。
〈2400円〉

レックス・ヒクソン著／高瀬千尋訳／高瀬千図監訳
『カミング・ホーム――文化横断的〈悟り〉論』
ケン・ウィルバーをして「世界の偉大な神秘主義的伝統についてこれまでに書かれたもののうちで最良の入門書」と激賞せしめた本書は、ハイデッガーとクリシュナムルティに関する論考を皮切りに、ラーマクリシュナ、ラマナ・マハリシ、プロティノス、聖パウロ、ハシディズム、現代のスーフィーの賢者ムハイヤッディーン、さらには十牛図、易経まで、〈悟り〉をめぐる文化横断的な旅へと誘う。

〈2000円〉

ユング派心理療法家　トマス・ムーア序文／心理占星術研究家　鏡リュウジ解説／臨床心理士　青木聡序文翻訳
『ヨブ記』
「なぜ私がこんなめにあわなければならないのか？」

多くの現代人がかかえているこの難題に、ユング派心理療法家トマス・ムーアが、『ヨブ記』を読み解き、また、みずからの体験に照らし合わせながら、応える。

また、イギリスの心理学的占星術を日本に紹介し、女性誌などさまざまなメディアで圧倒的な支持を受け、従来の「占い」のイメージを一新した気鋭の心理占星術研究家鏡リュウジが、ユングの『ヨブへの答え』などに触れながら、聖書中のこの不思議な物語を現代人にとって決定的な意味を持つものとしてわかりやすく解説する。

〈1400円〉

心身一体療法研究所所長　本宮輝薫著
『真気の入れ方と邪気の抜き方――色彩・言葉・形が気を動かす』
邪気を受けずに気を動かすには？　気を動かして病気を治し、セラピストも健康になれる智恵。気についての従来の混乱した議論を整理し、誰もがたやすく気に近づけるようにした明確な理論。全セラピスト必携！

〈2000円〉

上海　気功老師　盛　鶴延著

『〔新装版〕気功革命――癒す力を呼び覚ます』

長年にわたり日本で気功の普及に尽力してきた、中国気功界を代表する著者が書き下ろした、心と体に革命をもたらす気功マニュアルの決定版！　多くの流派に分れた気功法の中から本当に効果の高い方法を集大成し、図解付きでわかりやすく解説した実践書。〈1800円〉

上海　気功老師　盛　鶴延著

『気功革命・治癒力編――気功・按摩・薬膳・陰陽バランスを使って病気を治す・パワーを溜める』

ヨガブームに続き、気功ブーム再来　中国四千年の秘伝の養生法が、今、この一冊で明かされる！　好評の『気功革命――癒す力を呼び覚ます』の続編である本書には、自分で病気を治すための知恵が集大成されている。医療ミス・医療不信が続く現代、健康への不安を抱えた現代人必読の書。【内容】□原理編　□実践編　□方法編〈1800円〉

ウェルネス　気の家（ハーテック）主宰　藤森博明著

『気に成る本』

本書は、気を感じてみたい人、気功を体得したい人、さらには気で健康に成りたい人に、気の感じ方、捉え方についての、今までになく簡明かつパワフルな方法論を紹介し、合わせて〝気の効用〟にも触れている。〈1600円〉

タイシャ・エイブラー著／こまい　ひさよ訳

『呪術師の飛翔――未知への旅立ち』

本書には、一連のカスタネダの著作では明らかにされていない、呪術訓練の初期段階の詳細が描かれている。タイシャ・エイブラーは、ドン・ファン・マトスの指導の下、メキシコ出身の指導者たちから入念なる指導を施された、三人の女性からなるグループの一員である。本書はタイシャ・エイブラーが〝忍び寄りの人〟として受けた、驚くべき訓練の記録を伝えるものである。――カルロス・カスタネダ（「序文」より）〈2200円〉

真の健康と安らぎを求める現代人に語りかける名講義・シリーズ全4巻　大槻真一郎〔著〕／澤元亙〔監修〕

ヒーリング錬金術①

『サレルノ養生訓とヒポクラテス——医療の原点』

本書第1巻は、医学のメッカ・サレルノで生まれた中近代ヨーロッパのベストセラー『サレルノ養生訓』をラテン語原典から訳出し、その基本となるヒポクラテス医学の特質をギリシア哲学との関連からユニークに解説。〈1400円〉

ヒーリング錬金術②

『中世宝石賛歌と錬金術——神秘的医薬の世界』

本書第2巻は、パワーストーンを讃美する『石について（マルボドゥス著）』『リティカ（作者不詳）』の解読に始まり、ヘルメスの錬金術から「医化学の祖」パラケルススによる錬金術的医学へと展開される神秘的医薬の世界を、人生論を交えつつユニークに解説。〈1400円〉

ヒーリング錬金術③

『ヒルデガルトの宝石論——神秘の宝石療法』

本書第3巻は、中世ヨーロッパ最大の賢女と讃えられ、薬草学の祖にして、神秘家、作家、詩人としても知られる修道女ヒルデガルトの『石の本』（『フュシカ（自然学）』収載）を読み解きながら、自然と信仰の調和からなる神秘的な宝石療法の世界を真摯に語る。〈1400円〉

ヒーリング錬金術④

『アラビアの鉱物書——鉱物の神秘的薬効』

アラビア医学から、錬金術、各種宝石の薬効にいたるまで、著者の博物学的視点や人生哲学が散りばめられた解説を通して神秘への扉が開かれる。〈1400円〉

【心理学・カウンセリング関連書】

アン・ワイザー・コーネル著／大澤美枝子・日笠摩子共訳／諸富祥彦解説

『やさしいフォーカシング――自分でできるこころの処方』

フォーカシングは、からだの智恵に触れ、生活に前向きな変化を生み出すための、やさしくてしかも力強い技法。本書は、そのフォーカシングによる自己探索と自己発見の生きた技法を学ぶために、読者が自分で練習できるよう工夫された、待望の書。〈1800円〉

東京女子大学文理学部助教授　近田輝行著

『フォーカシングで身につけるカウンセリングの基本――クライエント中心療法を本当に役立てるために』

フォーカシングの体験はカウンセラーの基本的態度を身につけるための近道。クライエント中心療法の理解に不可欠の「体験過程」に焦点を当て、ロジャーズ、ジェンドリンからインタラクティブ・フォーカシングまでやさしく解説。

〈主な内容〉カウンセリングをめぐって／ロジャーズからジェンドリンへ／体験過程をめぐって／フォーカシングの実際／フォーカシングのバリエーション／カウンセリングにおけるフォーカシングの活用〈1600円〉

スクールカウンセラー　土江正司著

『こころの天気を感じてごらん――子どもと親と先生に贈るフォーカシングと「甘え」の本』

「感じ」の科学としてのフォーカシングに沿った、簡単で新しい、心の探検への誘い。

「今の心身の感じを天気に例えてみる。それを色えんぴつでさっと絵に描いてみる。学校の教室で行うわずか十五分の「心の天気描画法」によって、子どもたちは心と向き合う楽しさを発見できただろう。フォーカシング理論に基づいた作品の鑑賞法、コメント法により親や教師は子どもの気持ちが掴め、より良い関係を築けるようになるだろう。」（著者）〈1800円〉

ケビン・マケベニュ著／土井晶子著・訳

『ホールボディ・フォーカシング――アレクサンダー・テクニークとフォーカシングの出会い』

ホールボディ・フォーカシングは、アレクサンダー・テクニーク（姿勢法のひとつ）とフォーカシングを組み合わせたもので、私たちの「からだ」をより良く知るための洗練された方法です。本書はその理論から実践までを網羅した、日本で初めての解説書です。付録には、実際のガイドの方法や実習、リスニングの手引きも収録。フォーカシングに興味のある方だけでなく、ボディワークの経験者にもおすすめです。〈1400円〉

明治大学教授　カウンセラー　諸富祥彦著

『自己成長の心理学――人間性／トランスパーソナル心理学入門』

マズロー、ロジャーズ、ジェンドリン、フランクル、ウィルバー、グロフ、ミンデル、キューブラ・ロス……人間性／トランスパーソナル心理学のエッセンスがこの一冊でわかる決定版！　著者秘蔵の写真も満載！

NHKラジオで二〇〇二年に放送された番組「こころをよむ」のテキスト『生きがい発見の心理学　「自分」を生きる「運命」を生きる（上・下）』をもとに加筆・削除・修正を加えて書き改め、さらに生きづらいこの時代を生き抜く知恵を説いた最新エッセイを新たに収録！■生きがいの喪失■「自分を生きる」心理学■「生きる意味」の心理学■「自分を超える」心理学■エッセイ集：生きていくためのヒント〈2400円〉

明治大学教授　カウンセラー　諸富祥彦著

『カール・ロジャーズ入門――自分が〝自分〟になるということ』

「カウンセリングの神様」カール・ロジャーズ。自分が〝自分〟になるとは、私が「これが私だ」と実感できる〝私〟になるとは、どのようなことか。「抑圧家族」で育てられたアダルト・チルドレン、ロジャーズの人生そのものが、自分が自分自身になるというカウンセリングの本質的テーマをめぐって展開されていた。「人間・ロジャーズ」に焦点を当て、その生涯と思想形成の歩みを解明すると共に、そこから生み出された理論と実践のエッセンスを分かりやすく説いた格好の入門書。〈2400円〉

明治大学教授　カウンセラー　諸富祥彦著

『フランクル心理学入門――どんな時も人生には意味がある』

『夜と霧』『それでも人生にイエスと言う』の著者として世界的に有名なフランクルの心理学のエッセンスを、初めて体系的に、かつわかりやすく説いた画期的入門書。「心のむなしさ」にどう対処し、「生きる意味」をどのように発見したらいいか、「中年期」の危機をどう乗り越え、「老い」に対する態度をどう変えたらいいかといった、一般の方々の自己発見や癒しのためのセルフ・ヘルプに供するだけでなく、学校現場や企業で、また専門家にも役立つよう、人物・自己発見篇の他に原理・臨床・資料篇を加えた。

〈2400円〉

カール・ロジャーズ著／畠瀬稔監修／加藤久子・東口千津子共訳

〔英和対訳〕『ロジャーズのカウンセリング（個人セラピー）の実際』

進行中のセラピー（第17回目）の全実録。ロジャーズのカウンセリング面接ビデオ『Miss Mun』（撮影時期一九五三年―五五年頃）は、実際のセラピーの場面そのものをクライアントの諒解の下に収録したものとして貴重である。このたび、その日本語版が作成されたのに合わせて、録音の内容を英和対訳でテキストとしてまとめた。

ロジャーズの心理療法の核心が最もよく表現されているこのミス・マンとの面接は、多くのサイコセラピストやカウンセラーにとってきわめて有益な、パーソンセンタード・カウンセリング実習の最上のテキストである。

〈600円〉

カール・ロジャーズ著／畠瀬稔監修／加藤久子・東口千津子共訳

〔英和対訳〕『これが私の真実なんだ――麻薬に関わった人たちのエンカウンター・グループ』

一九七〇年に原版が制作された Because That's My Way は麻薬に関わった人たちのエンカウンター・グループの記録映画で、名誉あるピーボディー賞を受賞した。この賞は、放送、記録フイルム、教育番組のすぐれた作品に授与される格式の高い賞で、放送界のピューリツアー賞といわれている。

一九六〇年代後半、アメリカではベトナム戦争反戦運動が高まり、ヒッピーや反体制派が広がる中で、若者たちによる麻薬の濫用が深刻な社会問題になっていた。そうした状況の中でピッツバーグの教育TV局の依頼に応じて、麻薬関係者のエンカウンター・グループが企画され、開催された。

ロジャーズが見事なファシリテーター役を果たしているこの映画を見ると、アルコール中毒者、犯罪者、少年院、刑務所、紛争事態、学級経営、生徒指導、組織運営のあり方などにもエンカウンター・グループ的なアプローチを広げてゆくことが十分に可能だと強く感じられる。その日本版が制作されたのに合わせて、スクリプトを英和対訳テキストとしてまとめたもの。
〈1000円〉

アーノルド・ミンデル著／青木聡訳／藤見幸雄監訳・解説

『シャーマンズボディ――心身の健康・人間関係・コミュニティを変容させる新しいシャーマニズム』

ユング・カスタネダからミンデルへ！　プロセス指向心理学の創始者アーノルド・ミンデルは、アフリカ、日本、インドでのシャーマニズム体験から学んだ〝シャーマンズボディ〟（または〝ドリーミングボディ〟）の意義と重要性に様々な角度から迫り、われわれがそれと結びつくことが健康や精神的な成長、良い関係や深い共同体感覚をもたらすと言う。そこで、一般の人々がシャーマンズボディに結びつくための実際的な方法と、夢や身体の問題に対処するための具体的な方法としてのインナーワークを、「エクササイズ」として提示。さらにこうしたワークや新しいシャーマニズムが現在の世界にどのような影響を持つかを、国際紛争解決のための「ワールドワーク」などに言及しつつ、わかりやすく解説している。待望の名著の完訳！
〈2100円〉

アーノルド・ミンデル著／青木聡訳／富士見幸雄監訳・解説

『大地の心理学――心ある道を生きるアウェアネス』

ドン・ファン、ファインマン、老子の教えに学ぶ。私たちの人生を導いている不可思議な力は何だろうか？　これが本書執筆の動機となった問いである。何が私たちをある日はある方向へ、そして次の日は別の方向へと動かしているのだろうか？　それは偶然だろうか？　それは心理学、物理学、それともシャーマニズムだろうか？それは遺伝、夢、人間世界の外的な出来事、あるいは宇宙の秩序だろうか？

この問いに答えるため、プロセス指向心理学の創始者ミンデルは物理学、心理学、そして大地に根差した先住民の世界観やシャーマニズムに関する個人的体験からさまざまな考え方を自由に取り入れて、「道の自覚」というまったく新しい重要な概念を定義、探求、摘用していく。待望の最新著の完訳！
〈2300円〉

ジェイムズ・ホリス著／藤南佳代＋大野龍一共訳

『ミドル・パッセージ――生きる意味の再発見』

人生後半を豊かに生きるために――ユング派分析家からのメッセージ

人によってその時期と訪れ方はさまざまだが、一般に「中年危機」と呼ばれる人生の転換機が必ずやってくる。思うにまかせぬまま、人は空虚さ、混乱、倦怠、惨めさ、抑うつ等に悩まされる。しかしそこには、実り豊かで創造的な後半生と、自己の全体性を実現するための、深いこころの知恵が秘められている。欧米でロングセラーを続ける、すぐれた人生論、教養書としても読める本書は、ミドルだけでなく、よりよい生き方を模索する若い世代にも実り多い読書体験を約束してくれるだろう。

〈1600円〉

ジェイムズ・ホリス著／神谷正光＋青木聡共訳

『「影」の心理学――なぜ善人が悪事を為すのか？』

ユング心理学の中核概念のひとつである「影」とのつきあい方を丹念にまとめあげた快著。

できることなら目を逸らしておきたい自分の一部、ユングはそれを「影」と呼んだ。端的に言えば、「影」とは生きられていない「私」である。「私」は親・夫・妻・会社員・教師等々として、いわば「善人」として社会に適応するために、努力して「仮面」を作り上げていき、それとほぼ「同一化」して日常生活を営んでいく。一方、その過程で「私」に切り捨てられた自己の諸側面は、背後から「私」を追い回す「影」となってしまう。そして「仮面」が「私」に張り付いて一面的な生き方や考え方に凝り固まってしまう時、「影」は根本的な変化を求めて「私」に襲い掛かってくる。

善人が不意に悪事を為してしまうのも、心の隅に追いやられていた「影」のせいである。が、たいていの場合、「私」は「影」を自分の一部として認めようとしない。それどころか、無意識のうちに「影」を不快な他者に投影して自分から遠ざけてしまうこともある。しかし、ユングはこの「影」と「真摯に向き合う」ことを勧めている。なぜなら、「影」の目線で「私」を見つめ直すことによって、少しずつ「私」の変容が始まるからである。その取り組みが真摯であればあるほど、内面に生じた分裂を俯瞰し、かつ統合する新たな視点が育まれていき、やがてその影響は周囲にも波及していくに違いない。

〈1800円〉

ゲアリー・リース著／田所真生子訳／明治大学教授　諸富祥彦監訳・解説

『自己変容から世界変容へ――プロセスワークによる地域変革の試み』

草の根から世界変容へ……。内的成長が社会変革に結びつく。社会変容のファシリテーターになるために。本書は、ガチンコ勝負が得意なプロセスワーカー、ゲアリー・リースによる地域臨床のリアルファイトの記録である。

『紛争の心理学』の著者アーノルド・ミンデルが創始したプロセス指向心理学をベースに、暴力、ドラッグ、無気……地域が抱えるさまざまな問題に取り組んだ成果がわかりやすく示されている。

〈2200円〉

エリザベス・セイアー&ジェフリー・ツィンマーマン著／青木　聡訳

『離婚後の共同子育て――子どものしあわせのために』

別居、離婚、再婚、片親疎外……別れた両親が協力して子育てを続けるための具体的なガイドライン。

離婚係争中の親や離婚後の面会交流に悩んでいる親たちが、子どものしあわせを第一に考えて、離婚後も協力して子育てに取り組むにはどうしたらいいのか？　本書は、わが国では法律的に義務づけられていないが、欧米では義務づけられている、離婚後の共同子育ての基本的な考え方が非常にわかりやすく示されている。きわめて具体的なガイドラインが提示されているので、争いを乗り越えて別居親と子どもの「日常的な交流（子育て時間）」を続けるためのマニュアルとして利用できる。

〈1900円〉

ケン・ウィルバー著／門林　奨訳

『インテグラル理論を体感する――統合的成長のためのマインドフルネス論』

今ここに現前している人間の潜在的可能性をウィルバーが指し示すインテグラル理論へのもう一つの入門にして深遠な実践書。

四象限、発達段階、多重知能、瞑想的意識に気づきを向けて包括する！

〈2700円〉

「コスモス・ライブラリー」のめざすもの

古代ギリシャのピュタゴラス学派にとって〈コスモス Kosmos〉とは、現代人が思い浮かべるようなたんなる物理的宇宙（cosmos）ではなく、物質から心および神にまで至る存在の全領域が豊かに織り込まれた〈全体〉を意味していた。が、物質還元主義の科学とそれが生み出した技術と対応した産業主義の急速な発達とともに、もっぱら五官に隷属するものだけが重視され、人間のかけがえのない一半を形づくる精神界は悲惨なまでに忘却されようとしている。しかし、自然の無限の浄化力と無尽蔵の資源という、ありえない仮定の上に営まれてきた産業主義は、いま社会主義経済も自由主義経済もともに、当然ながら深刻な環境破壊と精神・心の荒廃というつけを負わされ、それを克服する本当の意味で「持続可能な」社会のビジョンを提示できぬまま、立ちすくんでいるかに見える。

環境問題だけをとっても、真の解決には、科学技術的な取組みだけではなく、それを内面から支える新たな環境倫理の確立が急務であり、それには、環境・自然と人間との深い一体感、環境を破壊することは自分自身を破壊することにほかならないことを、観念ではなく実感として把握しうる精神性、真の宗教性、さらに言えば〈霊性〉が不可欠である。が、そうした深い内面的変容は、これまでごく限られた宗教者、覚者、賢者たちにおいて実現されるにとどまり、また文化や宗教の枠に阻まれて、人類全体の進路を決める大きな潮流をなすには至っていない。

「コスモス・ライブラリー」の創設には、東西・新旧の知恵の書の紹介を通じて、失われた〈コスモス〉の自覚を回復したい、様々な英知の合流した大きな潮流の形成に寄与したいという切実な願いがこめられている。そのような思いの実現は、いうまでもなく心ある読者の幅広い支援なしにはありえない。来るべき世紀に向け、破壊と暗黒ではなく、英知と洞察と深い慈愛に満ちた世界が実現されることを願って、「コスモス・ライブラリー」は読者と共に歩み続けたい。